PONS

250 Wortschatz-Übungen
FRANZÖSISCH

Für Anfänger und Fortgeschrittene.
Mit ausführlichen Lösungen.

von
Isabelle Langenbach

PONS GmbH
Stuttgart

PONS
250 Wortschatz-Übungen
FRANZÖSISCH

Für Anfänger und Fortgeschrittene. Mit ausführlichen Lösungen.

von
Isabelle Langenbach

Auf der Basis von: 978-3-12-562675-1.

1. Auflage 2017

www.pons.de
E-Mail: info@pons.de

Projektleitung: Majka Dischler
Redaktion: Fabienne Schreitmüller
Logoentwurf: Erwin Poell, Heidelberg
Logoüberarbeitung: Sabine Redlin, Ludwigsburg
Einbandgestaltung: Anne Helbich, Stuttgart
Layout: Petra Michel, Gestaltung & Typografie, Essen
Satz: Satz & mehr, Besigheim
Druck und Bindung: Multiprint GmbH

ISBN: 978-3-12-562949-3

WILLKOMMEN

Mit den **250 Wortschatz-Übungen FRANZÖSISCH** können Sie in kleinen Portionen und wo immer Sie möchten Ihren Wortschatz trainieren, festigen oder auffrischen. Dabei erfahren Sie auch viel Wissenswertes zu den Themen, die Sie üben möchten.

Von leicht bis schwer

Die Übungen sind inhaltlich nach Themen sortiert, damit Sie gezielt nach Ihren persönlichen Bedürfnissen üben können. Zu jedem Thema stehen Ihnen Übungen in drei Schwierigkeitsstufen zur Verfügung:

★ = leicht

★★ = mittelschwer

★★★ = schwer

Erweitern Sie nebenbei Ihre Sprachkenntnisse

Zahlreiche Tipps weisen Sie auf wichtige Ausnahmen, Stolperfallen, typische Fehler und schwierige Regeln hin und helfen Ihnen bei der Lösung einer Übung.

! = Infos zu Ausnahmen und Stolperfallen

= weiterführende Erklärungen

§ = Angaben zur Grammatik

So überprüfen Sie Ihren Lernfortschritt

Mithilfe der **Lösungen** im Lösungsteil können Sie Ihren Lernfortschritt überprüfen. Übungen, in denen Sie noch nicht ganz fehlerfrei waren, wiederholen Sie einfach nach einiger Zeit.

Setzen Sie vorne im **Inhaltsverzeichnis** einen Haken hinter alle Themen, die Sie erledigt haben. So können Sie auf einen Blick sehen, wie viel Sie schon trainiert haben.

Unbekannte Wörter? Kein Problem!

Alle wichtigen Wörter und Wendungen aus den Übungen können Sie in der französisch-deutschen **Wortliste** im Anhang nachschlagen.

Viel Spaß und Erfolg beim Üben!

Ihre PONS-Redaktion

INHALT

Vorstellung

1 ★

Diese Fragen und Sätze sind beim **Kennenlernen** nützlich. Verbinden Sie die passenden Hälften.

a) - Ça	____	A Paris ?
b) - Vous êtes déjà	____	B va ?
c) - Comment tu	____	C Français ?
d) - Quel âge	____	D t'appelles ?
e) - Tu es de	____	E marié ?
f) - Vous êtes	____	F as-tu ?

2 ★

Wie kann man auf die folgenden Aussagen bei **Begrüßung** und **Abschied** antworten?

a) Je vous présente Monsieur Richard.

- ☐ A À tout à l'heure !
- ☐ B À ce soir !
- ☐ C Enchanté.

b) Au revoir.

- ☐ A De rien !
- ☐ B À demain !
- ☐ C Bonne chance !

c) Ça va ?

- ☐ A Très bien, merci.
- ☐ B Salut !
- ☐ C Bonjour !

d) À plus tard !

- ☐ A À demain !
- ☐ B Bonne nuit !
- ☐ C À tout à l'heure !

3 ★

Sehen Sie sich die Bilder an und wählen Sie den passenden Begriff.

a) C'est une **fille/jeune/femme**.

b) C'est un **homme/enfant/adolescent**.

4 ★★

Lesen Sie das Kurzprofil von Christelle und ergänzen Sie die Tabelle mit ihren **persönlichen Angaben**.

Bonjour, je m'appelle Christelle Lafraîchine et j'habite à Versailles, dans la région parisienne. Mais je viens de Belgique et je suis née à Liège. J'ai 28 ans et je travaille dans une banque. Je suis divorcée et j'ai un enfant. Je cherche des amis avec qui faire du sport ou faire des sorties.

a) Nom	
b) Prénom	
c) Adresse (ville)	
d) Nationalité	
e) Âge	
f) Situation de famille	

!

Denken Sie daran, dass man für die Altersangabe auf Französisch **avoir** ***(haben)*** braucht: **J'ai 20 ans.** - *Ich bin 20 Jahre alt.*

5 ★★

Ergänzen Sie die Lücken mit dem **Familienstand** und achten Sie auf die korrekte, eventuell anzugleichende Form.

séparé • divorcé • célibataire • veuf • marié

a) Laurent et Stéphanie ne sont plus ensemble, ils sont *séparés* depuis un an.

b) Son mari est mort. Elle est ________________.

c) Raphaël et Laure sont maintenant ________________, ils ont été mariés pendant 10 ans.

d) Ils sont ________________ depuis maintenant deux ans.

e) Fabienne ne veut pas se marier, elle préfère rester ________________.

6 ★★

Verbinden Sie die passenden Satzteile.

a)	- Voici Madame Dupont.	___	**A** - C'est le 13, route de Vannes.
b)	- Vous avez son numéro de rue ?	___	**B** - Oui, c'est un nom italien.
c)	- Il s'appelle Mauro ?	___	**C** - Bienvenue, Madame !
d)	- Où est-il né ?	___	**D** - Oui, il est célibataire.
e)	- Quelle est sa date de naissance ?	___	**E** - Son lieu de naissance est Lille.
f)	- Il vit seul ?	___	**F** - Le 12 mars 1965.

Eine französische Adresse schreibt man folgendermaßen:

Prénom, nom *(Vor-, Nachname)*	**Jean Martin**
Numéro, rue *(Nummer, Straße)*	**13, rue des roses**
Code postal, ville *(Postleitzahl, Stadt)*	**44690 La Haye Fouassière**

Zu beachten ist, dass die Straßennummer vorangestellt wird und mit einem Komma vom Straßennamen getrennt ist. Die Stadt wird immer großgeschrieben (Eigenname).

7 ★★

Die Sätze sind durcheinandergeraten. Bringen Sie sie wieder in die richtige Reihenfolge.

a) Monsieur | est | intéressant | très | un | homme | Rousseau

____

b) Ils | d' | groupe | jeunes | de | partie | font | un

____

c) On | majeur | âge | l' | à | est | de | ans | dix-huit

____

d) se | connus | formation | pour | sont | adultes | une | pendant | Ils

____

8 ★★★

Übersetzen Sie die Sätze ins Französische mithilfe der Verben im Kasten.

épeler • faire la connaissance d' • se présenter • saluer

a) *Gestern habe ich Éric kennengelernt.*

____

b) *Ich stelle mich vor: Ich bin Isabelle.*

____

c) *Er begrüßt seine Gäste.*

____

d) *Können Sie Ihren Namen buchstabieren?*

____

Aussehen

9 Verbinden Sie die gegensätzlichen Adjektive.

★

a) grand	___	A brun
b) blond	___	B gros
c) joli	___	C bronzé
d) vieux	___	D petit
e) pâle	___	E laid
f) mince	___	F jeune

10 Ergänzen Sie die Lücken mit der richtigen Form des angegebenen Adjektivs.

★★

a) Mélanie a les cheveux ______________. (court)

b) Ma mère est ______________, mais mon père est ______________. (blond, brun)

c) C'est une personne de très ______________ taille. (petit)

d) Tu as vu la ______________ fille là-bas, on va lui parler ? (joli)

e) Oh, vous avez une coiffure très ______________ ! (chic)

f) Mon voisin est un très ______________ homme, il a plus de quatre-vingt-dix ans ! (vieux)

g) Michaël a les cheveux ______________ et ______________. (roux, bouclé)

h) Elle est ______________ aux yeux ______________. (roux, clair)

i) Mon frère est ______________ mais aussi très ______________ ! (corpulent, fort)

11 ★★

Sehen Sie sich die Bilder an und kreuzen Sie die passende Aussage an.

a) ☐ **A** C'est une petite fille brune.
☐ **B** C'est une grande femme brune.
☐ **C** C'est un petit garçon blond.

b) ☐ **A** Ils ont les cheveux longs.
☐ **B** Elle a les cheveux courts.
☐ **C** Elle a les cheveux longs.

c) ☐ **A** Il porte la moustache.
☐ **B** Il porte des lentilles de contact.
☐ **C** Il porte des lunettes.

d) ☐ **A** Quelle grosse femme !
☐ **B** Quelle femme élégante !
☐ **C** Quelle femme laide !

12 ★★

Ergänzen Sie die Sätze mit den richtigen Begriffen.

yeux • cheveux • barbe • air • gros • poids • bronzée

a) Il a les ____________ coupés en brosse.

b) Toute la famille a les ____________ marron.

c) Depuis ses vacances à la plage, elle est très ____________.

d) J'ai trop mangé, c'est pourquoi j'ai pris du ____________.

e) Le Père Noël a une grande ____________ blanche.

f) Le professeur de français a l' ____________ sévère, mais il est charmant.

g) Il pèse 90 kilos, il est beaucoup trop ____________ !

13 ★★★

Übersetzen Sie folgende Sätze ins Französische und verwenden Sie dabei die angegebenen Wörter.

laide • apparence • gros • boutons

a) *In dieser Familie sind sie alle dick.*

____

b) *Sie mag ihr äußeres Erscheinungsbild nicht.*

____

c) *Patricia findet sich hässlich.*

____

d) *Teenager haben oft Pickel.*

____

Charakter

14 ★

Setzen Sie die durcheinandergeratenen Buchstaben in die richtige Reihenfolge, um **positive Eigenschaften** zu finden.

a) p t q y i s m a u e h — s _ _ p _ _ _ _ _ _ e

b) b i a a l e m — a _ _ a _ _ e

c) t g e n t e i l l i n — i _ _ _ l _ _ _ _ _ t

d) t l e n g i — g _ _ _ _ l

e) i a g — g _ _

f) l ô r e d — d _ _ _ e

g) x u e s é i r — s _ _ _ e _ _

15 ★★

Ergänzen Sie die Lücken mit dem passenden Begriff.

charmant • calmes • timide • énergique • humeur • optimiste • qualités

a) Elle ne parle jamais à personne, elle est trop ________.

b) C'est une personne vraiment ________, elle est toujours en train de faire quelque chose !

c) Cet homme me plaît beaucoup, il a l'air très ________ !

d) Ma fille voit tout en rose, elle est très ________.

e) Les enfants font du bruit et ne sont jamais ________.

f) Elle a beaucoup de ________, je trouve.

g) Aujourd'hui, je suis vraiment de mauvaise ________.

16 ★★

Übersetzen Sie die Sätze ins Französische und verwenden Sie dabei Adjektive, die **negative Eigenschaften** ausdrücken.

a) *Sie ist eine wirklich dumme Frau.*

____

b) *Christelle ist eine merkwürdige Person.*

____

c) *Er ist immer aggressiv.*

____

d) *Vanessa, du bist gemein!*

____

17 ★★★

Finden Sie im Wortgitter 16 Adjektive zur **Bestimmung des Charakters** und notieren Sie sie.

R	Ê	S	Y	M	P	A	T	H	I	Q	U	E	G
B	B	A	S	T	U	P	I	D	E	M	É	A	E
Ê	I	F	É	D	X	A	M	D	U	É	N	I	N
T	Z	M	T	R	T	S	I	L	L	C	E	M	T
E	A	V	Q	Ô	R	A	D	H	C	H	G	A	I
I	R	C	A	L	M	E	E	C	H	A	I	B	L
L	R	A	S	É	R	I	E	U	X	N	Q	L	R
S	É	V	È	R	E	I	D	I	O	T	U	E	S
E	A	U	I	N	T	E	L	L	I	G	E	N	T
C	H	A	R	M	A	N	T	S	Z	L	D	Y	S
S	I	D	I	F	F	I	C	I	L	E	F	B	P
S	Ô	J	B	W	O	P	T	I	M	I	S	T	E

waagerecht: ______________________________

____

senkrecht: ______________________________

Häuser und Wohnungen

18 ★

Ergänzen Sie die Sätze mit einem der vorgeschlagenen Wörter.

immeuble • appartement • studio • maison

a) Nous vivons dans une grande ______________ avec un jardin.

b) Ils n'ont pas beaucoup d'argent, ils habitent dans un petit ______________ de deux pièces.

c) Notre ______________ a dix-huit étages.

d) Il habite dans un ______________, il n'y a qu'une pièce.

19 ★★

Was ist abgebildet? Schreiben Sie jeweils den korrekten Begriff unter das Bild.

a) *l'e______________*

b) *le c______________*

c) *la p______ d'e______________*

d) *la c______________*

e) *la f* ______

f) *le c* ______

g) *le g* ______

h) *le b* ______

20 ★★

Verbinden Sie die passenden Sätze.

a) – Vous êtes propriétaire ?
b) – C'est un bâtiment moderne ?
c) – Tu habites ici depuis longtemps ?
d) – Vous avez un logement pour les vacances ?
e) – Le loyer est élevé ?
f) – C'est un petit immeuble ?

___ A – Non, il est vieux.
___ B – Je viens juste d'emménager.
___ C – Oui, mais les charges sont comprises.
___ D – Non, je suis locataire.
___ E – Non, c'est une tour de vingt-huit étages.
___ F – Oui, un petit appartement.

21 ★★

Wählen Sie den passenden Begriff aus.

a) Voici le **terrain** / **plan** / **loyer** de notre maison.

b) J'habite au **toit** / **mur** / **rez-de-chaussée**.

c) Quelqu'un a **déménagé** / **sonné** / **loué** à la porte d'entrée.

d) C'est au huitième étage, prenons **l'ascenseur** / **le coin** / **le palier**.

e) Les toilettes sont sur le **plancher** / **palier** / **plâtre**.

f) À **l'extérieur** / **l'intérieur** / **l'étage**, il y a un grand jardin.

g) Notre maison a huit **couloirs** / **marches** / **pièces**.

h) Le **sol** / **placard** / **plafond** est en granit.

22 ★★★

Übersetzen Sie die Sätze ins Französische.

a) *Sie bauen ein Haus.* *(= Sie lassen ein Haus bauen.)*

____

b) *Die Wände sind weiß gestrichen.*

____

c) *Wir haben ein großes Grundstück gekauft.*

____

§

Etwas „machen lassen" wird im Französischen mit dem Verb **faire** + Infinitiv übersetzt:

Il fait faire des travaux dans sa maison. – *Er lässt Renovierungsarbeiten in seinem Haus machen.*

Nous avons fait construire un garage. – *Wir haben eine Garage bauen lassen.*

Wohn- und Arbeitsbereich

23 ★

Kreuzen Sie die passenden Elemente an.

a) ☐ **A** la salle de bains
☐ **B** la salle de séjour

b) ☐ **A** la chaise
☐ **B** l'étagère

c) ☐ **A** la chaise
☐ **B** la table

d) ☐ **A** le canapé
☐ **B** le fauteuil

24 ★★

Die Buchstaben sind durcheinandergeraten: Ordnen Sie sie wieder mithilfe des Hinweises in Klammern.

a) b b u e q l o i i è t h (livres) *la* ______

b) é e r n e t (porte) *l'* ______

c) t u i l e a u f (s'asseoir) *le* ______

d) p t u e r a q (sol) *le* ______

25 ★★

Ergänzen Sie die Lücke mit dem richtigen Begriff.

papier peint • moquette • décorer • meubles • salon

a) Nous avons choisi une ________________ grise pour le sol de notre chambre.

b) Mon amie m'a aidé à ________________ la maison.

c) Mes parents ont acheté des nouveaux ________________ pour leur salle à manger.

d) Les hommes se retrouvent au ________________ pour fumer un cigare.

e) Il me faut encore deux rouleaux de ________________ pour les murs de ma chambre.

26 ★★

Kreuzen Sie das fehlende Wort rund um das Thema **Arbeitsbereich** an.

a) Il travaille tous les jours dans son ____________.

- ☐ **A** bureau
- ☐ **B** salon
- ☐ **C** classeur

b) Il n'y a plus de ____________ dans l'imprimante.

- ☐ **A** crayon
- ☐ **B** papier
- ☐ **C** gomme

c) Il range ses feuilles dans son ____________.

- ☐ **A** classeur
- ☐ **B** scotch
- ☐ **C** feutre

d) Les ciseaux sont rangés dans ____________.

- ☐ **A** la règle
- ☐ **B** le stylo
- ☐ **C** le tiroir

e) Il écrit la lettre avec son ________.

- ☐ **A** scotch
- ☐ **B** taille-crayon
- ☐ **C** stylo

f) Il écrit avec des ________ de différentes couleurs.

- ☐ **A** feutres
- ☐ **B** gommes
- ☐ **C** règles

27 ★★★

Wie sagen Sie, dass ...

a) ... Sie den Klebestift brauchen?

____

b) ... Sie Ihr Lineal nicht mehr finden?

____

c) ... die Bücher alphabetisch sortiert sind?

____

d) ... Sie im Arbeitszimmer sind?

____

e) ... sich die Schere in der Schublade befindet?

____

!

Das Wort **bureau** kann unterschiedliche Bedeutungen haben:

Le cahier est sur le bureau. – *Das Heft liegt auf dem Schreibtisch.*

Je suis dans mon bureau. – *Ich bin in meinem Arbeitszimmer.*

Je pars au bureau. – *Ich fahre ins Büro.*

Schlaf- und Kinderzimmer

28 ★

Verbinden Sie die französischen Verben mit ihrer korrekten Bedeutung.

a) dormir	___ A träumen
b) rêver	___ B aufstehen
c) se lever	___ C gähnen
d) réveiller	___ D sich hinlegen
e) bâiller	___ E schlafen
f) s'allonger	___ F einschlafen
g) s'endormir	___ G wecken
h) couvrir	___ H aufwachen
i) se réveiller	___ I zudecken

29 ★★

Ergänzen Sie die Lücken mit dem Wortschatz aus dem **Schlaf- und Kinderzimmer**.

chambre • draps • matelas • lampe • armoire • oreiller • tableau

a) Chaque enfant a sa ________________.

b) Mon ________________ est trop dur, j'ai mal au dos.

c) Allume la ________________, je ne vois rien !

d) Je n'ai pas pu dormir, j'avais oublié mon ________________.

e) Les ________________ sentent bon la lavande.

f) J'ai accroché un beau ________________ de Van Gogh dans ma chambre.

g) Tous mes vêtements sont dans l'________________.

30 Übersetzen Sie die Wendungen ins Französische.

★★★

a) *früh ins Bett gehen* ______________________

b) *Träum was Schönes!* ______________________

c) *den Wecker hören* ______________________

d) *die Kinder zudecken* ______________________

e) *viel Schlaf brauchen* ______________________

f) *die Glühbirne wechseln* ______________________

Küche und Haushalt

31 Finden Sie die acht **Elektrogeräte** im Buchstabengitter heraus und notieren Sie sie auf den Linien. Nur ein Wort ist senkrecht.

★★

F	O	U	R	B	O	U	I	L	L	O	I	R	E
L	A	V	E	-	V	A	I	S	S	E	L	L	E
I	P	C	A	F	E	T	I	È	R	E	X	N	Z
Y	R	É	F	R	I	G	É	R	A	T	E	U	R
A	É	-	M	I	C	R	O	-	O	N	D	E	S
È	A	G	Z	G	I	U	M	B	É	E	R	T	-
U	T	B	C	O	N	G	É	L	A	T	E	U	R

le ____________, *la* ____________, *le* ______ - ______,

la ____________, *le* ____________, *le* ______ - ______,

le ____________, *le* ____________

32 ★★

Was gehört zusammen? Verbinden Sie.

a) la passoire	___	**A** la bouteille de vin
b) le tire-bouchon	___	**B** la bouteille de bière
c) le décapsuleur	___	**C** les spaghettis
d) l'ouvre-boîte	___	**D** le taboulé
e) le saladier	___	**E** le café au lait
f) le bol	___	**F** la boîte de conserve

33 ★★

Ergänzen Sie die Sätze mit der entsprechenden **Küchenausstattung**.

poubelles • récipient • plaque • batteur • poêle • cocotte-minute®

a) Pour mélanger la pâte du gâteau, je prends un ____________ électrique.

b) Je veux faire une omelette au jambon, où est-ce que j'ai mis ma grande ____________ ?

c) Pour faire cuire quelque chose, il faut allumer une ____________.

d) Pour tout faire cuire plus vite, il vaut mieux utiliser une ____________

e) Quand il me reste de la mousse au chocolat, je la mets dans un ____________.

f) Tous les dimanches soirs, nous devons sortir les ____________, car le camion passe les vider le lundi matin.

34 ★★

Die Sätze sind durcheinandergeraten. Bringen Sie sie wieder in die richtige Reihenfolge.

a) Il | veut | sa | chambre | ranger | ne | jamais

____

b) le | une | brosse | carrelage | nettoyons | Nous | avec

____

c) Elle | poussière | chiffon | avec | la | essuie | un | propre

____

d) ménagers | déteste | les | Je | travaux

____

e) placard | balai | Elle | dans | son | le | met

____

35 ★★★

Verbinden Sie die zusammengehörenden Satzteile.

a)	– Toute la maison est sale.	___ A	– Je vais passer la serpillière.
b)	– Il y a de la boue dans l'entrée.	___ B	– Je dois faire le ménage.
c)	– Mon manteau est sale.	___ C	– Maintenant, tu peux l'essuyer.
d)	– La vaisselle est propre.	___ D	– Il faut le balayer.
e)	– Le garage est plein de feuilles.	___ E	– Avec un chiffon.
f)	– Avec quoi dois-je essuyer la poussière ?	___ F	– Emporte-le au nettoyage !

Im Bad

36 ★

Kreuzen Sie die passenden **Badutensilien** an.

a) se brosser les dents

☐ **A** le dentifrice ☐ **B** le chiffon

b) se laver les cheveux

☐ **A** la serpillère ☐ **B** le shampoing

c) se raser

☐ **A** le rasoir ☐ **B** la bouilloire

d) se laver les mains

☐ **A** le savon ☐ **B** le crayon

37 ★★

Schreiben Sie die korrekten Begriffe zu den Bildern.

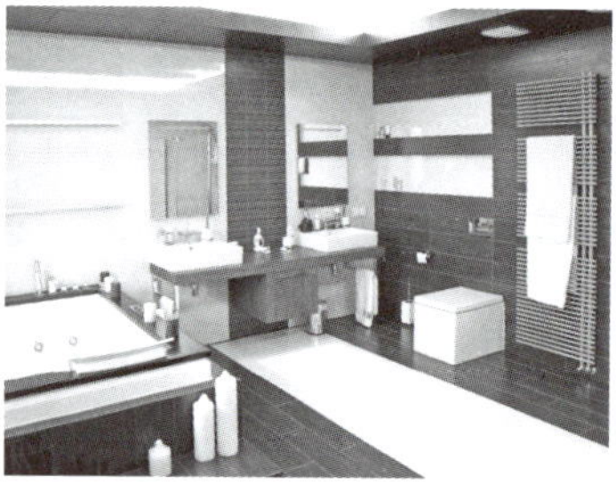

a) la ______________________

b) la ______________________

c) les ______________________

d) le ______________________

e) la ______________________ **f)** la ______________________

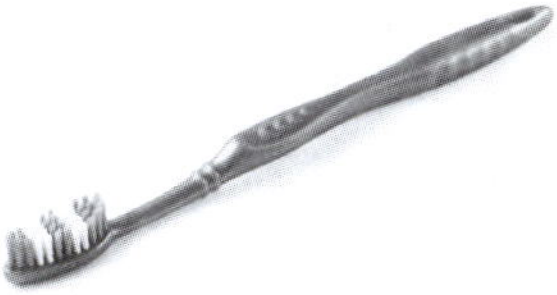

g) la ______________________ **h)** le ______________________

38 ★★★

Ergänzen Sie die Lücken mit dem passenden Wort zum Thema **Körperpflege**.

a) Je prends un ______________ chaud pour me relaxer.

b) L'eau ne coule pas, ouvre le ______________ !

c) En vacances, je mets toujours de la ______________ solaire.

d) Les hommes doivent se ______________ tous les matins.

e) Elle s' ______________ les cheveux avec la serviette.

f) Je n'aime pas du tout sa nouvelle ______________ ! Ses cheveux étaient plus beaux longs !

!

Eine *Kulturtasche* oder ein *Kulturbeutel* heißen auf Französisch **une trousse de toilette** und haben nichts mit **culture *(Kultur, Bildung)*** zu tun!

Keller und Außenbereich

39 ★★ Wählen Sie die richtige Antwort aus.

a) Les bouteilles de vin sont
- ☐ A dans le jardin.
- ☐ B à la cave.
- ☐ C sur la pelouse.

b) Pour laver le linge, il faut
- ☐ A des vis.
- ☐ B de la lessive.
- ☐ C de l'herbe.

c) Les outils sont sur
- ☐ A l'établi.
- ☐ B le sous-sol.
- ☐ C l'arrosoir.

d) Pour faire un trou, je prends
- ☐ A une hache.
- ☐ B une perceuse.
- ☐ C un râteau.

40 ★★ Ergänzen Sie die Lücken mit dem passenden Begriff.

réparer • clou • entreposer • outils • tournevis • sous-sol • utilise • cave • scie

a) Mon père a beaucoup d'__________ au __________, il les __________ pour __________ toutes sortes de choses.

b) Elle n'arrive même pas à enfoncer un __________ !

c) Tu as une __________ pour couper le bois que tu mets dans ta cheminée ?

d) Heureusement que nous avons une __________ pour __________ toutes nos provisions.

e) Pour monter l'étagère, il nous faut un __________.

41 ★★

Wählen Sie das passende Wort aus.

a) Nous n'avons pas de jardin, mais nous avons un **tuyau** / **balcon** / **râteau**.

b) Le chat dort dans la **pelle** / **plante** / **cour**.

c) Il doit tondre la **pelouse** / **plantation** / **fleur** aujourd'hui.

d) **Le tuyau** / **L'arrosoir** / **Le puits** est vide, tu peux aller chercher de l'eau ?

e) C'est l'automne, il faut **récolter** / **ramasser** / **entretenir** les feuilles mortes.

f) Le tracteur est **sur la terrasse** / **dans le hangar** / **dans le couloir**.

42 ★★★

Übersetzen Sie ins Französische.

a) *Blumen pflanzen* ______

b) *Dünger verwenden* ______

c) *Rasen mähen* ______

d) *Obst pflücken* ______

e) *den Garten gießen* ______

f) *Holz hacken* ______

g) *die Hecke schneiden* ______

h) *den Zaun reparieren* ______

i) *im Garten arbeiten* ______

Kennen Sie den Satz **Ne marche pas sur mes plates-bandes**? Er ist umgangssprachlich und bedeutet, dass man jemanden nicht belästigen bzw. jemandem nicht ins Gehege kommen soll. **Une plate-bande** ist einfach nur ein *Blumenbeet*!

Kochen, backen, zubereiten

43 ★

Ergänzen Sie die Lücken mit dem jeweils passenden **Lebensmittel**.

a) *des b* ______________________

b) *du f* ______________________

c) *du b* ______________________

d) *des œ* ______________________

44 ★★

Schreiben Sie die passende **Zutat** in die Lücke.

viande • poisson • légume • pain • sucre • sel • jambon

a) Je mange une crêpe au ______________.

b) Dans les croque-monsieur, il y a du ______________ et du fromage.

c) Les végétariens ne mangent ni ______________ ni ______________.

d) Le brocoli est mon ______________ préféré.

e) Le matin, je mange du ______________ avec de la confiture.

f) Les spaghetti manquent de ______________.

45 Wählen Sie das richtige Wort aus.

★★

a) Le gâteau est prêt. Tu veux mijoter / goûter / bouillir ?

b) Elle fait des herbes / pâtes / viennoiseries à la sauce tomate.

c) Vous voulez du miel / sel / vinaigre avec votre croissant ?

d) J'adore la viande rouge, surtout le bœuf / poulet / porc.

e) Il n'y a plus de poivre / crème / sucre dans le moulin.

f) Je mets toujours des pâtisseries / herbes / brioches de Provence sur les saucisses et les merguez.

g) Vous prenez un morceau de miel / tarte / margarine au citron ?

h) Elle m'a donné la recette / sucette / baguette de la tarte aux pommes.

46 Verbinden Sie die **Zubereitungsarten** mit den passenden Gerichten.

★★★

a) Je fais bouillir	___	A les carottes en rondelles.
b) Pour faire la tarte	___	B les œufs pour faire une omelette.
c) Il faut battre	___	C il faut éplucher les pommes.
d) Je coupe	___	D de l'eau pour mon thé.
e) Enfournez	___	E tous les ingrédients.
f) Mélanger	___	F le gâteau à 200° C.

§

Une recette *(Rezept)* besteht immer aus Anweisungen in Form eines Infinitivs oder eines Imperativs :

Ajoutez/Ajouter deux cuillères de farine. – *Zwei Löffel Mehl hinzufügen.*

Émincez/Émincer les oignons. – *Schneiden Sie die Zwiebeln in dünne Streifen.*

Mahlzeiten

47 ★

Finden Sie die vier wichtigsten **Mahlzeiten** des Tages und schreiben Sie sie in chronologischer Reihenfolge auf.

abdînercrrsgoûtermangpetit-déjeunerboirtdéjeunertablfaisoi

a) *le* ______________ **b)** *le* ______________

c) *le* ______________ **d)** *le* ______________

48 ★★

Ordnen Sie die **Lebensmittel** der korrekten Kategorie zu.

la tablette de chocolat • la sucette • la confiture • le croissant • la glace • le bonbon • le miel • la tartine

a) le petit-déjeuner	**b) les sucreries**

!

Wenn Sie *Pralinen* kaufen möchten, sollten Sie nach **des chocolats** (mPl) fragen. Das französische Wort **des pralines** (fPl) bezeichnet nämlich *gebrannte Mandeln.*

Il vend des pralines sur la plage. – *Er verkauft gebrannte Mandeln am Strand.*

J'ai eu des chocolats à Noël. – *Ich habe Pralinen zu Weihnachten bekommen.*

49 ★★

Notieren Sie die korrekte Reihenfolge der Behauptungen auf der Linie.

a) J'ai faim.

b) Je prépare le repas.

c) Je mange.

d) Je débarrasse la table.

e) Je mets la table.

f) Je range la vaisselle.

g) Je fais la vaisselle.

____

50 ★★

Kreuzen Sie den fehlenden Begriff an.

a) Je n'ai rien mangé, je meurs de ____________.

- ☐ A soif
- ☐ B loup
- ☐ C faim

b) Tu as soif ? Qu'est-ce que tu veux ____________ ?

- ☐ A manger
- ☐ B boire
- ☐ C voir

c) Le poulet doit ____________ une heure dans le four.

- ☐ A cuire
- ☐ B préparer
- ☐ C bouillir

d) Comme ____________ principal, je fais du rôti.

- ☐ A repas
- ☐ B plat
- ☐ C dîner

Obst und Gemüse

51 ★

Ergänzen Sie die Lücken mit der jeweils richtigen **Gemüsesorte**.

a) Je voudrais deux kilos de t__________, s'il vous plaît.

b) Une livre de c__________ pour mes lapins !

c) J'adore la s__________ verte.

d) Un kilo de p__________, merci.

52 ★★

Kreuzen Sie an, ob es sich um **Gemüse** oder **Obst** handelt.

	a) légumes	**b) fruits**
la poire	☐	☐
le chou	☐	☐
le haricot	☐	☐
la prune	☐	☐
le concombre	☐	☐

53 ★★

Verbinden Sie die **Lebensmittel**, die typischerweise zusammengehören.

a)	la limonade	___ A	de pommes
b)	la compote	___ B	de fraises
c)	la pêche	___ C	belle-hélène
d)	la poire	___ D	aux oignons
e)	la soupe	___ E	basmati
f)	le riz	___ F	melba
g)	la confiture	___ G	les citrons

!

Auf Französisch gibt es nur ein Wort für ***das Obst*** und ***die Früchte***: **les fruits** (mPl).

Für ***Obst und Gemüse*** gibt es einen festen Ausdruck: **les fruits et légumes**.

54 ★★★

Wie sagen Sie, dass Sie ...

a) ... kein Gemüse mögen?

____

b) ... einen Obstsalat machen?

____

c) ... einen Apfelkuchen backen?

____

d) ... Bratkartoffeln lieben?

____

Getränke

55 Schreiben Sie den Namen des **Getränks** unter das jeweilige Bild.

★

a) *l'e______ min______________*

b) *le v_______ r_______________*

c) *le l_______________*

d) *le ch_______________*

56 Wählen Sie die richtige Antwort aus. Kreuzen Sie an.

★

a) Pouvez-vous m'apporter la carte des ____________ ?

☐ **A** poissons
☐ **B** boissons

b) Je prends une carafe ____________, merci.

☐ **A** d'eau
☐ **B** de bière

c) Le soir, je bois une ____________ pour mieux dormir.

☐ **A** tisane
☐ **B** carafe de vin

d) Vous avez de ____________ du robinet ?

☐ **A** l'eau
☐ **B** la limonadc

57 ★★

Ergänzen Sie die Lücken mit einem **Getränk** aus dem Gitter.

E	A	U	X	T	A	I
J	I	E	R	E	T	O
C	N	B	I	È	R	E
L	M	K	C	A	F	É
A	P	L	S	J	U	S
I	T	P	V	Y	S	D
T	H	C	I	D	R	E
F	É	N	N	U	I	T

a) de l'__________ gazeuse
b) des crêpes et du __________ doux
c) de la __________ brune
d) du __________ entier
e) un bol de __________ noir
f) du __________ de Ceylan
g) du __________ de pommes
h) du __________ blanc

58 ★★★

Ergänzen Sie die Lücken mit einem **Getränk** aus diesem Kapitel.

a) Je suis enrhumée, je vais prendre une __________ de thym.

b) L'été, ma mère fait de la __________ avec des citrons bien mûrs et du sucre.

c) Saviez-vous qu'avec le poisson et certaines entrées, on sert toujours du __________ ?

d) Pour fêter le réveillon du Nouvel An, nous ouvrons toujours une bouteille de __________.

e) En Normandie, on fait du __________, c'est délicieux avec les crêpes !

f) Au petit-déjeuner, je bois un bol de café au __________, comme ma femme.

Familie

59 ★

Setzen Sie die Buchstaben der **Familienmitglieder** wieder richtig zusammen und fügen Sie den bestimmten Artikel (**le** / **la** / **les**) hinzu.

a) m r è e ______________________

b) s u r œ ______________________

c) f e r r è ______________________

d) p r e è ______________________

e) t e s a r n p ______________________

Für das deutsche Wort ***Geschwister*** gibt es keine direkte Übersetzung ins Französische, sondern nur den zusammengesetzten Begriff **les frères et sœurs**.

60 ★

Familienverhältnisse sind kompliziert. Ergänzen Sie die Definition mit dem passenden Begriff.

oncle • grand-mère • fille • neveu • gendre • belle-sœur

a) La mère de ma mère est ma ______________________.

b) Mon ______________________, c'est le fils de ma sœur.

c) Le mari de ma tante, c'est mon ______________________.

d) J'ai deux enfants : un fils et une ______________________.

e) La femme de mon frère est ma ______________________.

f) Mon mari est le ______________________ de mes parents.

61 Verbinden Sie die zusammengehörenden **Familienmitglieder**.

★★

a) le grand-père	___	A	la tante
b) le père	___	B	la belle-mère
c) le neveu	___	C	la fille
d) l'oncle	___	D	la mère
e) le fils	___	E	la nièce
f) le cousin	___	F	la cousine
g) le beau-père	___	G	la belle-fille
h) le gendre	___	H	la grand-mère

62 Vervollständigen Sie die Sätze anhand der Bilder.

★★

a) J'ai un gros gâteau d'____________ pour mon fils.

b) Ma fille adore les chocolats de ____________ !

c) Cette année, mon père a acheté un beau sapin de ____________ !

d) Pour ses 10 ans, mon fils a reçu un ____________.

63 ★★

Lesen Sie den Text und tragen Sie in die Tabelle ein, ob die Aussage stimmt oder nicht. Entscheiden Sie mit **V** für **vrai** und **F** für **faux**.

Les Simon sont une vraie famille nombreuse. Il y a Gérard et Christiane qui ont cinq enfants : Frédérique vit avec son mari et ses trois filles en Suisse. Claire est divorcée et a un fils, Milan. Raphaël est étudiant et habite à Lille. Les deux plus petits vivent encore chez leurs parents et vont à l'école. Éliane et Gustave, les grands-parents, ont un logement juste à côté de chez les Simon.

a) Les Simon ont huit enfants.	
b) Gérard et Christiane ont un petit bébé.	
c) Raphaël est le cousin de Milan.	
d) Gustave est le grand-père de Frédérique.	
e) Claire est encore célibataire.	

64 ★★★

Ergänzen Sie die Lücke mit dem richtigen Begriff zum **Familienstand**.

concubinage • noces • divorcer • couple • célibataire • pension alimentaire • conjoints • mariés • droit de garde

a) Elle ne s'est jamais mariée, elle est toujours restée ______.

b) Julien et Élodie forment un beau ______, ils ne sont pas ______, ils vivent en ______.

c) Les deux ______ doivent signer le document.

d) Ils ont fait un voyage de ______ en Italie.

e) Elle et son mari vont ______, il devra lui payer une ______.

f) Elle aura le ______ des enfants.

65 ★★★

Feiern sind ein wichtiger Bestand des Familienlebens. Ordnen Sie die **Feste** in chronologischer Reihenfolge und notieren Sie sie auf der Linie.

a) le jour de Noël
b) Pâques
c) la Saint-Sylvestre
d) le Carnaval
e) le Nouvel An
f) la Fête nationale (14 juillet)

____

Schwer ins Deutsche übersetzbar ist das französische Wort **le réveillon**. So bezeichnet man den Abend, das Essen oder die Feier am 24.12. bzw. am 31.12. Man sagt **le réveillon de Noël** *(Heiligabend)* und **le réveillon de la Saint-Sylvestre** *(Silvesterabend)*.

66 ★★★

Zu jeder Situation ein Ausdruck: Was sagen Sie, wenn Sie … (Sie siezen Ihr Gegenüber.)

a) … jemandem zu einem sehr gelungenen Abend gratulieren möchten? **(féliciter, soirée)**

Je ______________________________

b) … jemandem alles Gute wünschen möchten? **(présenter, vœux)**

____

c) … jemandem Glück wünschen möchten? **(souhaiter, chance)**

____

d) … mit jemandem anstoßen möchten? **(santé !)**

____

e) … einen Toast auf Christophe ausbringen möchten? **(porter, toast)**

____

Freunde und Sozialverhalten

67 ★

Sehen Sie sich die Buchstabenschlange an und finden Sie alle Substantive zum Thema **Kommunikation** heraus. Listen Sie sie auf der Linie auf.

parlquestiondiparoleiradialogueilsconversationvoudiscussiontraréponse

---

!

Verwechseln Sie nicht **discuter** und **se disputer**. Das erste neutralere Verb bedeutet *sich unterhalten*, während das zweite im Sinne von *sich streiten* verwendet wird:

Ils discutent de politique. – *Sie diskutieren über Politik.*
Elle et son mari se disputent tous les jours. – *Sie und ihr Mann streiten täglich.*

68 ★★

Wählen Sie das passende Wort aus.

a) Laurent est mon meilleur **ami** / **correspondant** depuis 10 ans.

b) Les enfants jouent dehors avec leurs **amants** / **camarades**.

c) Les Français se font souvent la **bise** / **visite**.

d) Ce soir, nous **connaissons** / **recevons** des amis pour le dîner.

e) Pouvez-vous me rendre un **rendez-vous** / **service** ?

f) Tu nous **accompagnes** / **fréquentes** au théâtre ?

g) **Dis** / **Demande**-moi la vérité !

h) Il **répète** / **raconte** une histoire aux enfants.

i) Il n'a pas **discuté** / **répondu** à la question.

j) Il faut **prévenir** / **affirmer** la police.

69 ★★

Kreuzen Sie an, ob die Redewendungen das **Bedauern** oder den **Ärger** ausdrücken.

	Bedauern	Ärger
a) Mince !		
b) Zut !		
c) Hélas !		
d) Tant pis !		
e) Merde !		
f) Dommage !		
g) Ça suffit !		

70 ★★

Was sagen Sie in welcher Situation? Verbinden Sie.

a) Vous voulez vous excuser.	___	A Bravo !
b) Vous regrettez quelque chose.	___	B Beurk !
c) Vous n'aimez pas ce plat !	___	C Pardon !
d) Vous êtes complètement d'accord.	___	D Dommage !
e) Vous interdisez quelque chose.	___	E J'en ai marre !
f) Vous en avez assez.	___	F Mince alors !
g) Vous vous énervez.	___	G Bien sûr !
h) Vous n'êtes pas du tout d'accord.	___	H Défense de...
i) Vous félicitez quelqu'un.	___	I Pas question !

71 ★★

Ergänzen Sie die Lücken mit der passenden Form der Verben des **Vorschlagens** und der **Zustimmung**.

proposer • recommander • déconseiller • accepter • être contre • refuser

a) Je voulais deux jours de vacances, mais malheureusement mon chef a __________ ma demande.

b) Les pacifistes __________ la violence.

c) Le médecin m'a __________ de prendre mes médicaments.

d) Il est __________ de fumer, car c'est mauvais pour la santé.

e) Je vous __________ de visiter Chamonix.

f) __________-vous de prendre Yvonne Dupont pour épouse ?

72 ★★

Welches der angegebenen Adjektive passt jeweils zum Bild?

a) Ils sont **tristes** / **heureux** / **déçus**.

b) Elle est **soulagée** / **surprise** / **contente**.

c) Il est **content** / **mécontent** / **étonné**.

d) Il est **vexé** / **malheureux** / **satisfait**.

73 ★★

Wählen Sie die richtige Antwort aus.

a) Vous êtes d'accord ?

☐ **A** Voilà !

☐ **B** Tout à fait !

☐ **C** C'est chouette de ta part.

b) Vous venez avec nous ?

☐ **A** Volontiers !

☐ **B** Quand même !

☐ **C** Ça y est !

c) Quel est votre avis ?

☐ **A** Je vous remercie.

☐ **B** Vous avez tort.

☐ **C** Heureusement !

d) Je vous le demande !

☐ **A** J'espère que oui.

☐ **B** J'ai une bonne impression.

☐ **C** Bien sûr, pas de problème.

74 ★★

Im Gitter sind 14 Wörter der **Zustimmung und Einschränkung** versteckt. Finden Sie sie und schreiben Sie sie auf.

A	É	V	I	D	E	M	M	E	N	T	X	C
S	S	Û	R	E	M	E	N	T	O	U	I	E
E	M	I	X	S	E	L	A	B	C	D	F	R
U	A	V	O	L	O	N	T	I	E	R	S	T
L	U	B	I	E	N	T	I	B	O	F	X	A
E	G	X	I	C	R	É	E	G	M	S	U	I
M	A	A	B	S	O	L	U	M	E	N	T	N
E	I	O	C	H	O	U	E	T	T	E	S	E
N	S	E	N	O	N	C	R	I	È	M	E	M
T	E	É	I	R	S	U	P	E	R	A	E	E
Z	E	I	S	T	E	R	R	I	B	L	E	N
N	A	T	U	R	E	L	L	E	M	E	N	T

waagerecht: ____________________

____

senkrecht: ____________________

75 ★★

Verbinden Sie. Wie sagen Sie, wenn Sie ...

a) ... nicht gestört werden möchten?	___	A	Je suis sûr(e) que...
b) ... in Bezug auf etwas sicher sind?	___	B	D'après moi, ...
c) ... der Meinung sind, dass ...?	___	C	J'ordonne que...
d) ... etwas befehlen?	___	D	Je ne veux pas être dérangé(e).
e) ... sich gut fühlen?	___	E	J'ai peur.
f) ... Angst haben?	___	F	Je suis vraiment soulagé(e).
g) ... erleichtert sind?	___	G	Je me sens très bien.

76 ★★★

Ergänzen Sie die Sätze mit dem korrekten Verb in der richtigen Form.

rire • surprendre • toucher • faire confiance • se sentir • s'inquiéter • se décider • hésiter • craindre

a) Votre gentillesse me ____________ beaucoup.

b) Ses histoires drôles me font toujours ____________.

c) Je ne ____________ pas bien, je vais m'allonger.

d) Vous, vous me ____________ vraiment, je ne m'attendais pas du tout à cela !

e) Je le connais depuis longtemps, je lui ____________.

f) Je ____________ car elle n'est toujours pas rentrée.

g) Je ____________ que le train ne soit déjà parti.

h) J'ai longtemps ____________ puis je ____________ à acheter cette voiture.

Hobby, Spiel, Sport und Musik

77 ★

Was machen die Personen auf den Fotos? Kreuzen Sie an.

a)
- ☐ **A** se promener
- ☐ **B** faire les magasins
- ☐ **C** faire des activités sportives

b)
- ☐ **A** se balader
- ☐ **B** faire du vélo
- ☐ **C** prendre des photos

c)
- ☐ **A** rester à la maison
- ☐ **B** sortir avec des amis
- ☐ **C** faire de la peinture

78 ★

Finden Sie alle Wörter in der Buchstabenschlange rund um das Thema **Spielen** und schreiben Sie sie auf.

jouergrogagneroiperdre partielboulessecartessèchéchecsjeutouronsdominosnirpr

a) ______________ **b)** ______________

c) ______________ **d)** *la* ______________

e) *les* ______________ **f)** *les* ______________

g) *les* ______________ **h)** *le* ______________

i) *le* ______________ **j)** *les* ______________

79 ★★

Für welche **Sportart** braucht man einen Ball? Für welche keinen? Sortieren Sie in die richtige Tabellenspalte.

la natation • le football • le ski • la course • le volley • le tennis • le handball • le vélo • l'alpinisme • le judo • le ping-pong • le golf • le cheval • le rugby

a) sport avec une balle ou un ballon	**b) sport sans balle ni ballon**

!

Für das deutsche Verb *laufen* verwendet man im Französischen die Wörter **marcher** im Sinne von *gehen* und **courir** im Sinne von *laufen, rennen*:

Vous marchez trop vite pour moi. – *Sie gehen zu schnell für mich.*
Il adore aller courir avec son ami. – *Er liebt es mit seinem Freund zu laufen/joggen.*

80 ★★

Wählen Sie das richtige Wort aus der Welt des **Sports**.

a) Dimanche, je vais voir le **stade** / **match** / **joueur** de football.

b) Les deux **manches** / **adversaires** / **tournois** se retrouvent en quart de finale.

c) Cette année, c'est la **finale** / **coupe** / **compétition** du monde.

d) Je joue dans la même **arrivée** / **victoire** / **équipe** que mon frère.

e) Le club organise une **régate** / **course** / **partie** de voile tous les ans au mois de juillet.

81 ★★

Was gehört zum jeweiligen **Sport**? Verbinden Sie.

a) la natation	___	**A**	la montagne
b) le ski	___	**B**	le stade
c) la voile	___	**C**	la voiture
d) le football	___	**D**	les runnings
e) la gymnastique	___	**E**	le tapis
f) le sport automobile	___	**F**	les gants
g) le footing	___	**G**	la piscine
h) la boxe	___	**H**	le bateau

82 ★★

Ergänzen Sie die Lücken mit dem richtigen Begriff aus dem Bereich **Musik und Tanz**.

a) Le piano est un *i* _ _ _ _ _ _ _ _ *t* de *m* _ _ _ _ _ *e* joué par beaucoup de gens.

b) Dimanche, nous allons tous à un *c* _ _ _ _ _ *t* de musique classique.

c) Mon *g* _ _ _ _ *e* préféré, c'est les Rolling Stones, et toi, qu'est-ce que tu écoutes comme musique ?

d) Christelle est une *d* _ _ _ _ _ _ *e* de ballet, mais moi je ne sais pas *d* _ _ _ _ *r* du tout.

e) Il joue du violoncelle et elle joue de la clarinette, ils sont tous les deux dans un grand *o* _ _ _ _ _ _ _ *e*.

f) J'aimerais bien apprendre à jouer de la *g* _ _ _ _ _ *e*.

83 ★★★

Finden Sie die Wörter rund um die **Musik** anhand der Definitionen.

a) C'est une personne qui écoute la radio : *l'* ______

b) On peut y danser le samedi soir : *la* ______

c) On en a besoin pour jouer de la musique : *des* ______

d) On peut l'acheter pour voir un concert : *un* ______

e) On peut la chanter sous la douche : *la* ______

84 ★★★

Wie fragen Sie jemanden, ob ... (Sie duzen Ihr Gegenüber.)

a) ... er mit Ihnen joggen kommen will?

______

b) ... er Golf spielen kann?

______

c) ... er ein Instrument spielt?

______

d) ... er ein Tischtennisspiel mit Ihnen macht?

______

e) ... er die Herausforderung annimmt?

______

!

Das Verb **jouer** *(spielen)* wird mit der Präposition **à** verwendet, wenn es um ein Spiel oder eine Sportart geht und mit **de**, wenn es sich um ein Musikinstrument handelt:

Je joue au football et aux cartes. – *Ich spiele Fußball und Karten.*
Je joue de la flûte et du piano. – *Ich spiele Flöte und Klavier.*

85 ★★★

Diese Sätze sind durcheinandergeraten. Bringen Sie sie wieder in die richtige Reihenfolge.

a) Le | juillet, | feux | d'artifice | y | a | des | il | quatorze | car | la | c'est | nationale | Fête

____

b) d'ouvrir | boîte | On | près | d'ici | vient | nouvelle | une

____

c) concert | billets | le | acheté | deux | de | ont | dimanche | Ils | soir | pour

____

d) patineuse | La | décroché | d'or | médaille | la | aux | olympiques | jeux | a

____

86 ★★★

Ergänzen Sie die Lücken mit dem richtigen Wort aus dem Bereich **Spiel** und **Freizeit**. Dafür müssen Sie zuerst die Buchstaben wieder ordnen.

a) Le vainqueur de la ____________ recevra une coupe. (ttnoimocipé)

b) Les ____________ seront récompensés lors de la cérémonie. (gstnanga)

c) Les Bleus ont encore une fois remporté la ____________. (ctioiver)

d) Ils participent à un atelier de ____________. (gealicorb)

e) Mes enfants sont en ____________ de vacances tout le mois de juillet. (clonoei)

f) Nous aimons beaucoup faire des ____________ en forêt le week-end. (dsenaemorp)

Der Körper

87 ★

Finden Sie alle sieben **Substantive des Körpers** in der Buchstabenschlange heraus. Listen Sie sie auf der Linie auf.

lasddosirlhrtcheveuxtêivisagebuinepeauiizrtcorpsrerillssquelettepiecetêteeaumai

____

Das Wort **os** *(Knochen)* bleibt im Singular und im Plural gleich: **un os, des os**.

Il n'a que la peau et les os. – *Er ist nur Haut und Knochen.*

88 ★

Ordnen Sie die **Körperteile** den richtigen Fotos zu.

les pieds • la main • l'œil • la bouche

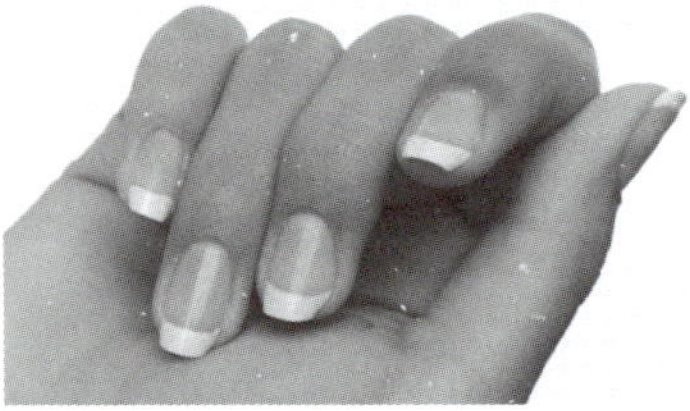

a) ____________________

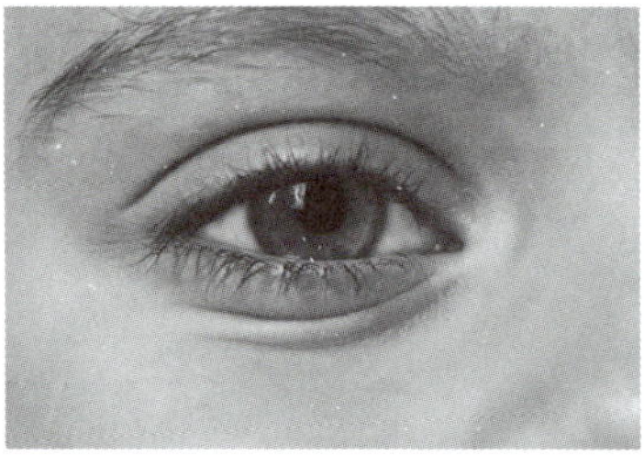

b) ____________________

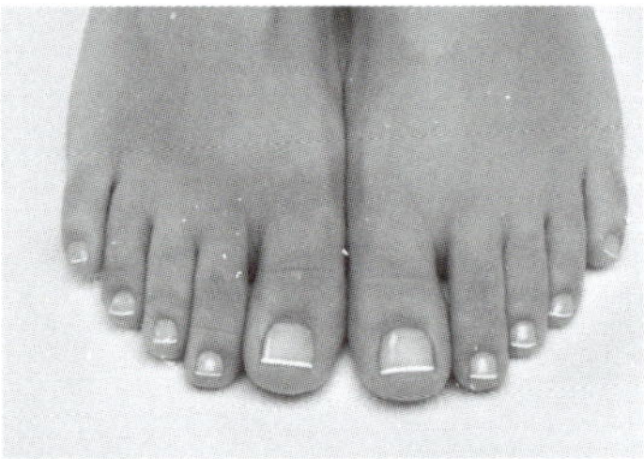

c) ____________________

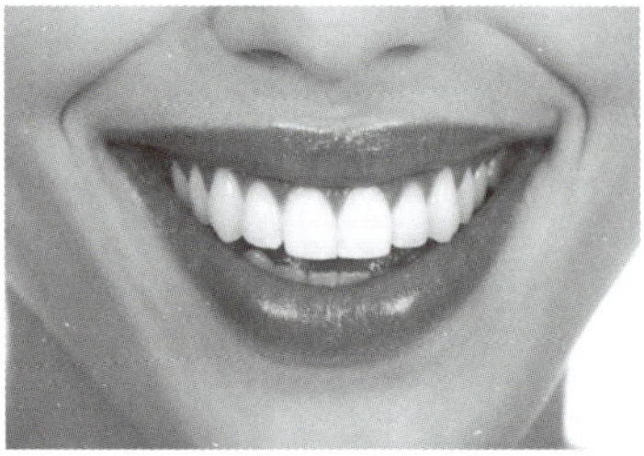

d) ____________________

89 ★★

Ordnen Sie die **Körperteile** den passenden **Sinneswahrnehmungen** zu.

a) voir	___	A	les oreilles
b) entendre	___	B	les yeux
c) toucher	___	C	les mains
d) sentir	___	D	la langue
e) goûter	___	E	le nez

90 ★★

Ergänzen Sie die Lücken mit dem richtigen **Körperteil**.

visage • ventre • oreilles • yeux • cerveau • tête • cœur • fesses • cou

a) Regarde sa ______________________, il est tout rouge !

b) Elle a un gros ______________________, elle attend un bébé, il bouge beaucoup et doit naître dans deux semaines !

c) Je me suis acheté une crème pour le ______________________.

d) Pour protéger mes ______________________, je porte toujours un bonnet.

e) Le soleil me fait mal aux ______________________, il faut que je m'achète des lunettes de soleil.

f) Je suis énervée, j'ai le ______________________ qui bat très vite !

g) Je fais des mots croisés pour faire travailler mon ______________________.

h) Quand je rentre le soir à la maison, les enfants me sautent toujours au ______________________ pour me saluer !

i) J'ai couru trop vite, j'ai glissé et je suis tombé sur les ______________________ !

91 ★★

Setzen Sie die Buchstaben der **Gesichtsteile** wieder richtig zusammen und fügen Sie den bestimmten Artikel (**le** / **la** / **les**) hinzu.

a) u e g n l a ______________________

b) p e i r a p u è ______________________

c) f t r n o ______________________

d) n n e t o m ______________________

e) e v l r s è ______________________

f) l i s u r c o ______________________

g) g g e o r ______________________

92 ★★

Wählen Sie das passende Wort zum Thema **Körper** aus.

a) Il ne faut pas montrer du **dos** / **doigt** / **talon** !

b) Ces chaussures mettent mes **cils** / **cheveux** / **chevilles** en valeur.

c) Louis a donné un coup de **cuisse** / **poignet** / **poing** à son frère.

d) Avec ces bottes, j'attrape des ampoules aux **orteils** / **oreilles** / **artères**.

e) Les femmes s'épilent les **muscles** / **poils** / **poumons** pour être plus jolies.

f) Il faut boire beaucoup d'eau pour ne pas avoir mal **au cœur** / **aux reins** / **au pouce**.

g) Le fait de fumer est très mauvais pour les **poumons** / **intestins** / **nerfs**.

Wussten Sie, dass **le sang** *das Blut* bezeichnet? Es wird genauso ausgesprochen wie **cent** *(hundert)*, **sans** *(ohne)* oder **(je) sens** *(rieche, fühle)*. In der gesprochenen Sprache muss man sich die Bedeutung aus dem Kontext erschließen!

93

★★★

Körperteile werden auch in Redewendungen verwendet, finden Sie hier das einzig passende Wort.

a) Il a un chat dans la...

- ☐ A bouche.
- ☐ B langue
- ☐ C gorge.

b) Elle a un cheveu sur la...

- ☐ A lèvre.
- ☐ B main.
- ☐ C langue.

c) Il m'a fait un clin d'...

- ☐ A oreille.
- ☐ B orteil.
- ☐ C œil.

d) Ils se sont trouvés...

- ☐ A bouche à oreille.
- ☐ B nez à nez.
- ☐ C bouche à bouche.

94

★★★

Wie sagen Sie, dass ...

a) ... Sie an den Fingern frieren?

____

b) ... Sie eine helle Haut haben?

____

c) ... Sie eine schmale Taille haben?

____

d) ... Ihre Nerven blank liegen?

____

e) ... Sie blonde Haare haben?

____

Gesundheit

95 ★

Was sagen diese Begriffe zum **Allgemeinbefinden** aus? Ordnen Sie sie mithilfe der Bilder einer Kategorie zu.

être en forme • aller bien • aller mal • être en bonne santé • être fatigué • être faible • avoir bonne mine • être stressé • avoir le moral au plus bas • avoir toutes ses forces

a)	b)
	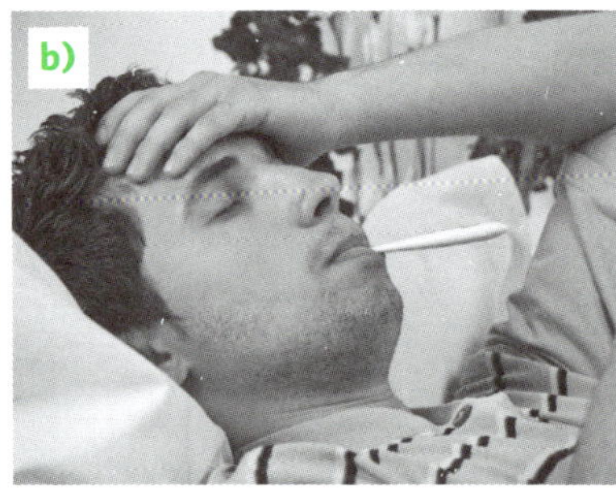

96 ★★

Diese Sätze zum **gesundheitsgefährdenden Verhalten** sind durcheinandergeraten. Bringen Sie sie wieder in die richtige Reihenfolge.

a) dangereux | santé | la | L' | alcool | pour | est

____

b) et | Le | nocif | est | tabac | pour | fumeurs | fumeurs | passifs | les | les

____

c) fumer | toilettes | de | dans | les | Défense

____

97 ★★

Ergänzen Sie die Lücken mit dem richtigen Begriff aus dem Bereich **Gesundheit**.

mine • saine • exercice • stress • état • moral • forme

a) Salut, c'est la ________________ aujourd'hui ?

b) Le ________________ est très mauvais pour la santé.

c) Le médecin dit que son ________________ de santé est vraiment critique.

d) Il m'a conseillé de faire plus d'________________ pour améliorer ma condition physique.

e) Il a une ________________ radieuse, on voit qu'il vient de rentrer de vacances !

f) Il faut veiller à avoir une alimentation ________________ et équilibrée.

g) Il n'a pas le ________________ en ce moment, il est déprimé.

98 ★★★

Was sagen Sie in welcher Situation? Verbinden Sie.

a) Vous êtes fatigué. ___ A Il va très mal.

b) Vous êtes en très bonne santé. ___ B Je remets ma vie en question.

c) Vous divorcez. ___ C Je vais me reposer.

d) Vous n'êtes pas sportif. ___ D Je ne fais pas beaucoup d'exercice.

e) Votre père est à l'hôpital. ___ E Je vais vraiment bien.

f) Vous êtes optimiste. ___ F J'ai le moral.

99 ★★★

Ergänzen Sie die Lücken mit dem richtigen Wort aus dem Bereich **Gesundheitsrisiko**.

a) Il ne ______________ que des boissons alcoolisées.

b) Le rhum est un ______________ fort.

c) Le ______________ est très mauvais pour les poumons.

d) Il ______________ deux paquets de ______________ par jour.

e) Les ______________ douces sont légales en Hollande.

f) C'est un gros ______________, il a toujours sa pipe à la bouche.

Krankheit und Verletzung

100 ★

Was haben diese Personen? Ergänzen Sie die Sätze mit dem richtigen **Symptom**. Denken Sie daran, die richtige Verbform zu verwenden.

éternuer • tousser • avoir mal au ventre • avoir de la fièvre

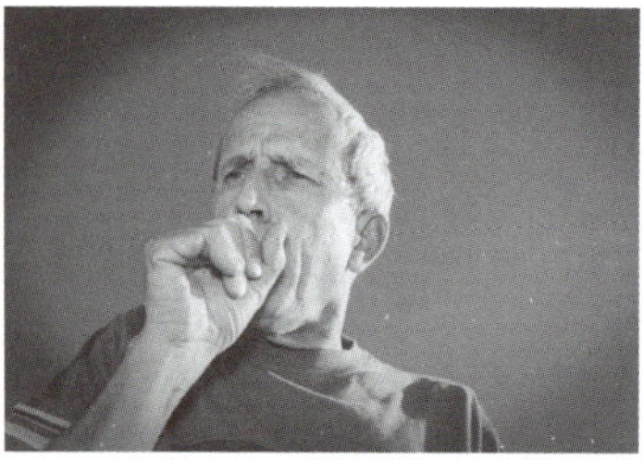

a) Il ______________.

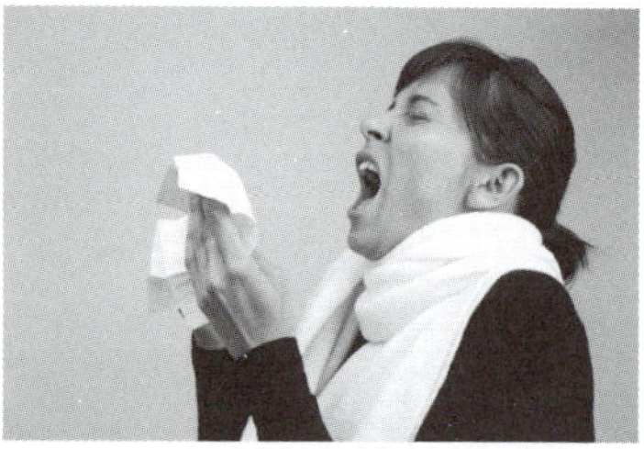

b) Elle ______________.

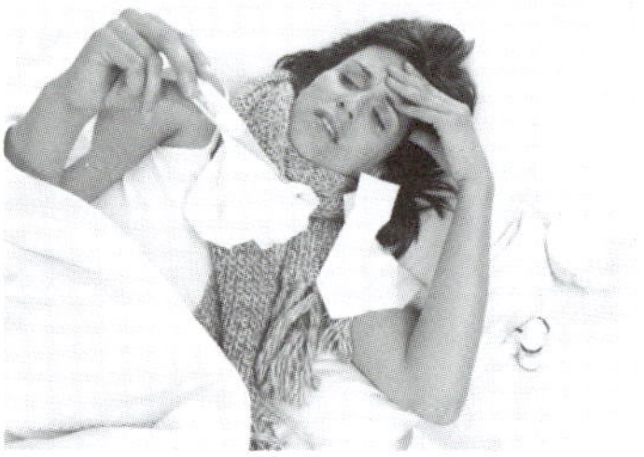

c) Elle ______________.

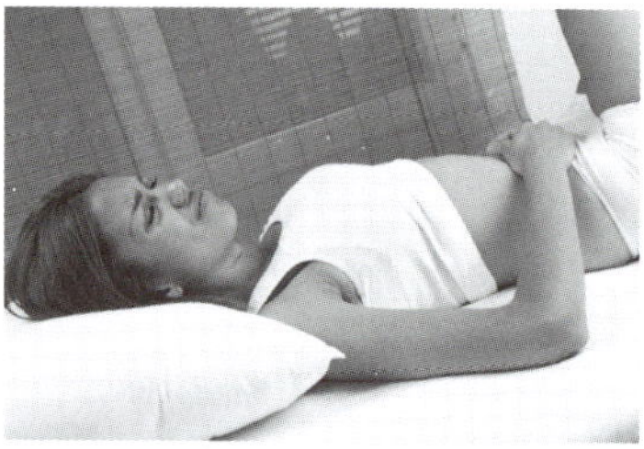

d) Elle ______________.

101 Kreuzen Sie den einzig passenden Ausruf an.

★

a) ______________, je me suis fait mal !

- ☐ A Au secours !
- ☐ B Aïe !

b) ______________, appelez un médecin, il y a un blessé !

- ☐ A Atchoum !
- ☐ B Au secours !

c) ______________, je ne fais qu'éternuer !

- ☐ A À vos souhaits !
- ☐ B Atchoum !

d) - Atchoum !
- ______________ !

- ☐ A À vos souhaits !
- ☐ B Aïe !

102 Verbinden Sie. Wie sagen Sie, dass ...

★★

a) ... Sie erkältet sind? ___ A Il a de la fièvre.

b) ... das Kind Fieber hat? ___ B Je suis malade.

c) ... ihre Stirn heiß ist? ___ C J'ai un rhume.

d) ... Sie krank sind? ___ D Elle a la grippe.

e) ... die Krankheit ansteckend ist? ___ E Son front est très chaud.

f) ... sie eine Grippe hat. ___ F La maladie est contagieuse.

!

Auf einige Redewendungen zum Thema Krankheit sollten Sie besonders achten, da sie ganz anders gebildet werden als im Deutschen:

J'ai froid/chaud. – *Mir ist kalt/warm.*
J'ai mal au dos/à la tête/aux dents. – *Ich habe Rücken-/Kopf-/Zahnschmerzen.* oder *Mir tut/tun der Rücken/der Kopf/die Zähne weh.*

103 ★★

Ergänzen Sie die Sätze mit dem korrekten Adjektiv rund um das **Kranksein**.

malade • froid • chaud • contagieux • incurable • allergique • alarmant • mortel

a) Elle est tombée ________________ et a dû être menée à l'hôpital.

b) Liliane est gravement malade, elle est atteinte d'une maladie ________________.

c) Tu as de la fièvre, ton front est tout ________________ !

d) Je suis enrhumée, j'ai sûrement pris ________________ à la piscine hier après-midi.

e) Vous êtes ________________ à la poussière ?

f) Depuis hier soir, son état est vraiment ________________.

g) Attention, ne vous approchez pas trop de Simon, il est encore très ________________.

104 ★★

Wählen Sie das richtige Substantiv zum Thema **Unfall**.

a) Mes parents ont eu un **accident** / **bleu** / **choc** de voiture.

b) Il faut appeler une **urgence** / **ambulance** / **béquille**, il est blessé !

c) La femme a perdu beaucoup de **plâtre** / **sang** / **coup** dans l'accident.

d) Il faut nettoyer la **blessure** / **béquille** / **tache**.

e) Je me suis **coupé** / **brûlé** / **évanoui** avec le fer à repasser.

f) **Le S.A.M.U.** / **La police** / **Les pompiers** ont éteint le feu de forêt.

g) Il y a eu deux **voitures** / **blessés** / **témoins** graves dans l'accident.

105 ★★★

Finden Sie alle elf Wörter rund um **Verletzungen** im Buchstabengitter und schreiben Sie sie auf die Linien.

A	B	L	E	S	S	U	R	E	T	E
B	R	Û	L	U	R	E	I	M	U	N
L	D	É	S	A	N	G	T	A	O	T
E	U	P	L	A	I	E	E	L	P	O
U	R	G	E	N	C	E	S	A	K	R
H	É	M	O	R	R	A	G	I	E	S
H	É	M	A	T	O	M	E	S	X	E
L	A	C	O	U	P	U	R	E	Y	É

waagerecht: la ______, la ______,
le ______, la ______, les ______,
l'______, l'______, la ______

senkrecht: le ______, le ______, l'______

Beim Arzt und im Krankenhaus

106 ★

Setzen Sie die Buchstaben in Klammern wieder in die richtige Reihenfolge und füllen Sie die Lücken, um Wörter zum Thema **Arztbesuch** zu finden.

a) un autre mot pour un docteur : *un m* _ *d* _ *c* _ _ (m c i n d e é)

b) il peut être à 10 heures : *le r* _ _ *d* _ _ - *v* _ _ *s* (r d e z e n - v s o u)

c) j'en prends deux par jour : *des m* _ _ _ *c* _ _ _ *n* _ *s* (s t e n m c i d a é m)

d) le docteur les soigne : *les p* _ _ _ *e* _ *t* _ (p t t a i e n s)

In Frankreich gibt es eine allgemeine Krankenversicherung für alle: **la Sécurité Sociale**. Diese ersetzt ca. 60% der Kosten, man kann mit **assurances complémentaires** oder **mutuelles** ***(Zusatzversicherungen)*** die Erstattungen aufstocken.

107 ★★

Was bzw. wen behandelt der jeweilige **Arzt**? Verbinden Sie.

a) le dentiste	___	A	les enfants
b) le pédiatre	___	B	la gorge, le nez et les oreilles
c) l'O.R.L.	___	C	la peau
d) le dermatologue	___	D	les femmes
e) le gynécologue	___	E	les dents

108 ★★

Ergänzen Sie die Lücken mit dem richtigen Begriff aus dem Bereich **Arzt und Krankenhaus**.

salle d'attente • infirmière • consulte • accoucher • examens • comprimés • vacciner • opéré • clinique • piqûres

a) Mon médecin ne ____________ pas le lundi.

b) J'ai attendu plus de deux heures dans la ____________.

c) Les enfants se font ____________ contre beaucoup de maladies graves, mais en général, ils n'aiment pas trop les ____________.

d) Le docteur m'a recommandé de prendre trois ____________ par jour : le matin, le midi et le soir.

e) J'attends toujours les résultats de mes ____________.

f) Le chirurgien qui a ____________ ma mère était très jeune.

g) Elle vient d'____________ d'une petite fille.

h) Nous connaissons une très bonne ____________ privée dans le Nord de Paris.

i) L'____________ s'occupe vraiment bien des malades.

109 ★★★

Füllen Sie das Kreuzworträtsel anhand der Sätze und erraten Sie das grau hinterlegte Verb aus dem Bereich **Krankenhaus** .

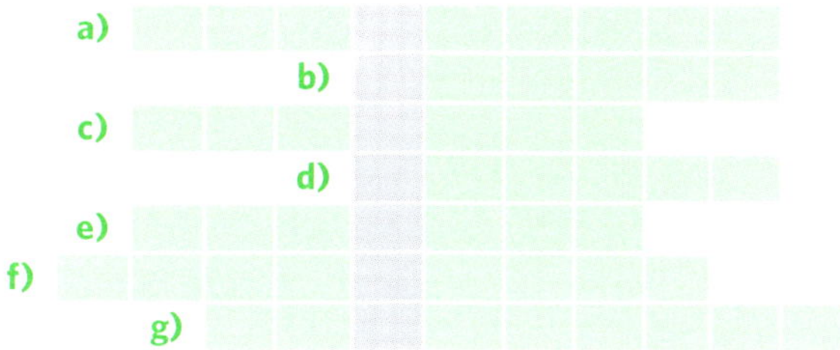

a) ____________ des médicaments *(verschreiben)*

b) ____________ un malade *(operieren)*

c) être à l'____________ *(Krankenhaus)*

d) ____________ un patient *(heilen)*

e) opérer avec un ____________ *(Computertomografie)*

f) coller un ____________ *(Pflaster)*

g) mettre un patient sous ____________ *(Infusion)*

110 ★★★

Lesen Sie die **Krankengeschichte** der Patientin und kreuzen Sie an, ob die Aussagen richtig oder falsch sind.

Madame Martin avait mal au ventre depuis plusieurs semaines. Elle a pris un rendez-vous chez le généraliste. Il lui a d'abord prescrit des comprimés pour dix jours, mais après, elle n'allait toujours pas mieux. On l'a envoyée au C.H.U. où elle a été opérée de l'estomac sous anesthésie générale. Le chirurgien et les infirmiers étaient tous très gentils. L'opération l'a vraiment soulagée et maintenant, elle est complètement guérie.

	Vrai	**Faux**
a) Madame Martin avait mal aux dos.		
b) Elle est allée chez le dermatologue.		
c) Elle a pris des médicaments.		
d) Elle a dû aller à l'hôpital.		
e) Elle a eu une anesthésie locale.		
f) Maintenant, elle est en bonne santé.		

Im Klassenzimmer und im Hörsaal

111 ★

Ergänzen Sie die Lücken mit der richtigen **Schulform**.

lycée • collège • école primaire • crèche • école maternelle

a) pour les enfants de moins de 3 ans *la* ____________

b) pour les enfants de 3 à 5 ans *l'* ____________

c) pour les enfants de 6 à 10 ans *l'* ____________

d) pour les enfants de 11 à 14 ans *le* ____________

e) pour les enfants de 15 à 18 ans *le* ____________

112 ★★

Welche **Schulklasse** gehört zu welcher **Schulform**? Ordnen Sie zu.

cours préparatoire • première • terminale • troisième • seconde • cours élémentaire • cours moyen • sixième • cinquième • quatrième

École primaire	Collège	Lycée

113 ★★

Sehen Sie sich die Buchstabenschlange an und finden Sie alle sieben Verben heraus, die zum Thema **Lernen** passen. Listen Sie sie auf.

eoexpliquerirrépéteroirapprendreirréfléchirairperfectionnerirsaisiresconcentreret

____

!

Verwechseln Sie nicht **connaître** und **savoir**. Das erste Verb bedeutet *kennen*, während das zweite die Bedeutung von *wissen, können* hat:

Ils connaissent l'Allemagne. – *Sie kennen Deutschland.*
Ils savent parler allemand. – *Sie können Deutsch sprechen.*
Ils ne savent rien. – *Sie wissen nichts.*

114 ★★

Vervollständigen Sie die Sätze anhand der Bilder.

a) Il écrit quelques ____________ dans son cahier.

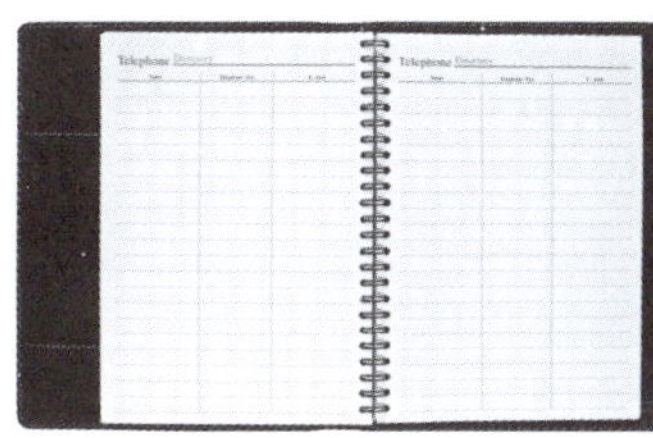

b) Je prends des notes dans mon ____________.

c) La bibliothèque est pleine de ____________.

d) L'élève est au ____________.

115 ★★

Ergänzen Sie die Sätze mit dem richtigen Begriff rund um die **Schule**.

a) Il va à l'_______________.

- ☐ **A** enseignement
- ☐ **B** école

b) Je _______________ en troisième.

- ☐ **A** passe
- ☐ **B** scolarise

c) Tu dois apprendre ta _______________ de biologie.

- ☐ **A** leçon
- ☐ **B** classe

d) Le _______________ d'histoire-géo est gentil.

- ☐ **A** proviseur
- ☐ **B** professeur

116 ★★

Ergänzen Sie die Lücke mit dem richtigen Verb zum Thema **Wissen**.

poser • expliquer • décrit • comprends • oublié • approfondir • arrive • aide • répéter • compter • réfléchissez

a) Dans le texte, l'auteur _______________ le paysage de son village de vacances.

b) Je ne _______________ pas l'exercice de maths, heureusement le prof va me l'_______________ encore une fois.

c) Yann a _______________ son livre à l'école et ne peut donc pas faire ses exercices.

d) Je n'_______________ pas à apprendre cette leçon.

e) Si vous ne saisissez pas tout tout de suite, n'hésitez pas à _______________ des questions.

f) Souvent, j'_______________ ma sœur à faire ses devoirs.

g) Je vous conseille d'_______________ le sujet en lisant des livres sur ce thème.

h) Monsieur, vous pouvez ______ la question, s'il vous plaît ?

i) Les enfants, ______ avant de lever la main !

j) Au collège, les élèves ont leur calculatrice pour ______.

!

Le collège entspricht, anders als im englischsprachigen Raum, der Unter- und Mittelstufe der weiterführenden Schulen. Vorsicht! **Le gymnase** ist die *Sporthalle* und ist also nicht mit dem Wort *Gymnasium* (**collège, lycée**) zu übersetzen!

117 ★★

Verbinden Sie die Verben des **Lernens** und **Studierens** mit ihrem entsprechenden Substantiv.

a) connaître	___	A le savoir
b) écrire	___	B le dessin
c) lire	___	C les connaissances
d) dessiner	___	D la réponse
e) répondre	___	E la note
f) calculer	___	F la compréhension
g) s'inscrire	___	G les études
h) comprendre	___	H l'écriture
i) noter	___	I la lecture
j) étudier	___	J le calcul
k) savoir	___	K l'inscription

118 ★★

Wählen Sie das passende Wort aus.

a) En juillet et août, les élèves français sont en **voyage** / **vacances** scolaires.

b) Ma voisine est institutrice, elle travaille dans l'**enseignement** / **établissement**.

c) Si tu ne travailles pas, tu ne **partiras** / **passeras** pas en sixième.

d) Le **collégien** / **directeur** de l'école a convoqué mes parents.

e) Ses parents veulent lui donner la meilleure **éducation** / **natation** possible.

f) Certains enfants restent toute la semaine à l'école, ils sont en **baccalauréat** / **internat**.

g) En septembre, c'est la **rentrée** / **sortie** des classes.

h) Je déteste les **courses** / **cours** de physique.

i) Faites l'**exercice** / **exemple** numéro deux, page trente-trois.

j) Nous devons **lire** / **écrire** le texte à haute voix.

119 ★★

Finden Sie die durcheinandergeratenen Wörter rund um die **Schule**.

ittureutsni • talhpbea • ilpemo ud etpsm • tnaviellusr • eiacntn • necenamrep

a) Il enseigne à l'école primaire, c'est *l'* ______________.

b) Mes cours pour la semaine sont écrits dans *l'* ______________.

c) Il surveille les élèves pendant la récréation, c'est *le* ______________.

d) C'est une heure libre, sans cours, c'est *la* ______________.

e) Il a vingt-six lettres, c'est *l'* ______________.

f) Les élèves y mangent à l'école à midi, c'est *la* ______________.

120 ★★

Kreuzen Sie an, ob die Wörter zum **Fach Französisch** oder **Mathe** passen. In einem Fall sind beide Fächer möglich.

	Français	**Maths**
a) lire un texte		
b) faire un résumé		
c) faire un calcul		
d) résoudre un problème		
e) écrire un texte		
f) compter		
g) lire une histoire		

121 ★★

Diese Sätze sind durcheinandergeraten. Setzen Sie sie wieder in die richtige Reihenfolge.

a) prochain, | contrôle | de | ferons | nous | sciences | un | Mardi | naturelles

____

b) peur | de | examen | Vincent | a | son | rater | anglais | d'

____

c) résultats | moyenne | dessous | en | la | Ses | sont | de

____

d) la | cinquième | doit | Il | malheureusement | redoubler | classe | de

____

122 ★★

Finden Sie die elf **Fächer** im Buchstabengitter und schreiben Sie sie auf. Nur ein Wort ist senkrecht, finden Sie es?

A	N	G	L	A	I	S	E	S	D	A	L	U	Z
J	S	É	A	W	L	A	T	I	N	V	Y	H	Q
L	G	O	E	T	J	F	R	A	N	Ç	A	I	S
É	P	G	H	P	H	Y	S	I	Q	U	E	M	I
O	F	R	U	C	H	I	M	I	E	Ç	N	I	M
R	M	A	T	H	É	M	A	T	I	Q	U	E	S
C	H	P	G	Y	M	N	A	S	T	I	Q	U	E
P	K	H	I	S	T	O	I	R	E	G	R	E	C
X	B	I	O	L	O	G	I	E	S	I	A	U	I
M	É	E	A	L	O	G	I	S	R	A	B	Ç	U

waagerecht: ______________________________

____

senkrecht: ______________________________

123 ★★★

Übersetzen Sie ins Französische.

a) *einen Kurs besuchen* ______________________________

b) *sich an der Uni einschreiben* ______________________________

c) *sein Studium abbrechen* ______________________________

d) *Medizin studieren* ______________________________

e) *die juristische Fakultät besuchen* ______________________________

In der Ausbildung und im Job

124 ★ Welchen **Beruf** üben die Personen auf den Fotos aus? Kreuzen Sie an.

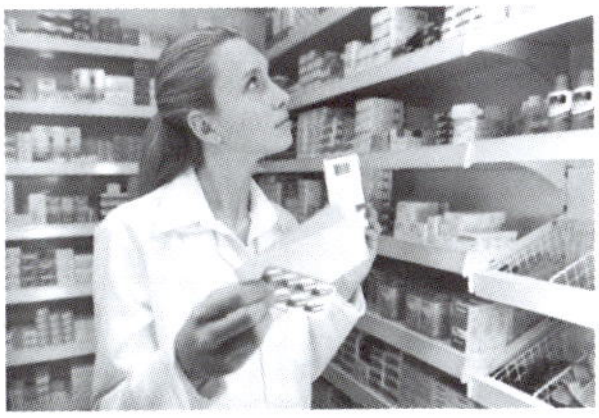

a) ☐ A Sylvie est médecin.
☐ B Elle est employée de banque.
☐ C Elle est pharmacienne.

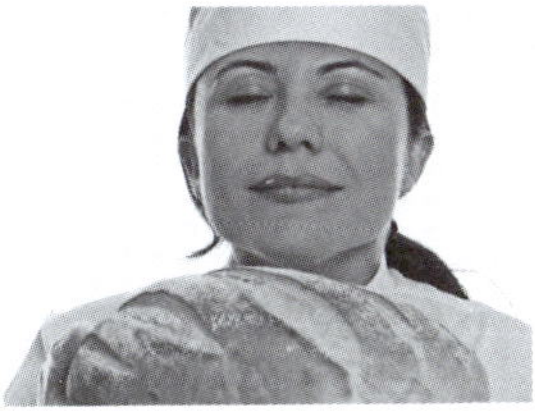

b) ☐ A Christelle est bouchère.
☐ B Christelle est boulangère.
☐ C Christelle est coiffeuse.

c) ☐ A Jean-Claude est informaticien.
☐ B Il est prof de maths.
☐ C Il est ingénieur.

125 ★ Welche Wörter passen zusammen? Verbinden Sie.

a) l'apprentissage	___	A l'ouvrier
b) les comptes	___	B le boulanger
c) l'usine	___	C la comptable
d) la circulation	___	D l'apprenti
e) les vêtements	___	E le gendarme
f) le pain	___	F la vendeuse

126 ★★

Welche Aussage ist richtig? Kreuzen Sie an.

a) L'architecte...
- ☐ A vend des voitures.
- ☐ B travaille à la banque.
- ☐ C dessine des plans de maisons.

b) L'instituteur...
- ☐ A travaille dans la police.
- ☐ B travaille à l'école primaire.
- ☐ C travaille au collège.

c) Le plombier...
- ☐ A répare les vélos.
- ☐ B répare les tuyaux.
- ☐ C fait de la peinture.

d) Le gardien...
- ☐ A surveille l'immeuble.
- ☐ B répare les télévisions.
- ☐ C construit les maisons.

e) Le coiffeur...
- ☐ A vend des chaussures.
- ☐ B vend des médicaments.
- ☐ C coupe les cheveux des gens.

f) La pâtissière...
- ☐ A fait du pain.
- ☐ B fait des gâteaux.
- ☐ C vend des glaces.

127 ★★

Wählen Sie den richtigen Begriff aus dem Bereich der **Ausbildung**.

a) Nicolas suit une **formation** / **profession** de vendeur.

b) Étienne est entré en **apprentissage** / **spécialité**.

c) Il faut suivre une formation **orale** / **spécialisée** pour devenir pilote.

d) Les apprentis artisans travaillent dans un **garage** / **atelier**.

e) Élodie veut apprendre un **cours** / **métier** où elle gagnera beaucoup d'argent.

f) La plupart des étudiants en informatique veulent **rester** / **devenir** ingénieurs.

g) Il ne sait pas du tout ce qu'il veut faire plus tard, il n'a aucun **projet** / **stage** professionnel.

h) Je désire m'orienter vers une autre **direction** / **spécialité**, le droit du travail ne me plaît pas du tout.

!

Wenn man allgemein vom *Beruf* spricht, verwendet man im Französischen sowohl das Wort **le métier** als auch **la profession**.

Qu'est-ce qu'il fait comme métier/profession ? – *Welchen Beruf übt er aus?*

Streng genommen ist **métier** eher der Beruf, für den man eine Lehre oder eine Ausbildung braucht, also ein Handwerksberuf:

les vieux métiers – *die traditionellen Berufe*

128 ★★

Ergänzen Sie die Lücken mit der richtigen Form von **travailler** *(arbeiten)*, **payer** *(zahlen, bezahlen)* oder **gagner** *(verdienen)*.

a) Jules ______________ à plein temps dans une grande entreprise de la banlieue parisienne.

b) Charlotte ______________ bien sa vie avec son métier d'actrice.

c) Tu ______________ au noir ? Tu sais que c'est interdit ?

d) Nous ne ______________ plus autant d'argent depuis que nous sommes à notre compte.

e) Heureusement, dans ma boîte, les heures supplémentaires sont ______________ !

f) J'ai longtemps ______________ à la chaîne, mais maintenant je suis en retraite.

g) Les étudiants sont ______________ à l'heure.

129

★★

Finden Sie die Wörter aus der **Arbeitswelt** anhand der Definitionen.

a) Les employés travaillent dans un *b* _ *r* _ _ _ .

b) Quand on est malade ou a un bébé, on est en *c* _ _ *g* _ .

c) À la fin du mois, on touche un *s* _ _ _ _ *r* _ .

d) L'État touche des *i* _ _ _ *t* *s*.

e) Le jour de Noël et le 14 juillet sont des jours *f* _ _ _ *é* _ .

f) Quelqu'un qui travaille au bureau de poste est *e* _ _ _ _ *y* *é*.

g) Quand on touche plus d'argent, on a une *a* _ *g* _ _ _ _ _ *t* _ _ *n*.

!

Verwechseln Sie die beiden folgenden Ausdrücke nicht:

les jours ouvrables – *die Werktage*

les jours ouvrés – *die Arbeitstage*

130

★★

Kreuzen Sie jeweils die zwei möglichen Antworten an.

a) Combien gagnez-vous ?

- ☐ **A** Oh, très bien.
- ☐ **B** 2 000 euros par mois.
- ☐ **C** 10 euros de l'heure.

b) Vous êtes en apprentissage ?

- ☐ **A** Non, en stage.
- ☐ **B** Oui, de boulanger.
- ☐ **C** Oui, je suis en fac de médecine.

c) Elle travaille à mi-temps ?

- ☐ **A** Oui, vingt heures par semaine.
- ☐ **B** Oui, elle est en congé maladie.
- ☐ **C** Non, à temps complet.

d) Il travaille en équipe ?

- ☐ **A** Oui, il est de l'équipe de nuit.
- ☐ **B** Non, il travaille à temps partiel.
- ☐ **C** Non, il adore travailler seul.

131

★★

Finden Sie die vollständigen Ausdrücke. Verbinden Sie.

a) une formation	___	A	dans la vie
b) un stage	___	B	professionnelle
c) travailler à temps	___	C	en entreprise
d) une profession	___	D	partiel
e) un ouvrier	___	E	libérale
f) réussir	___	F	qualifié
g) les impôts	___	G	de salaire
h) une augmentation	___	H	boulot
i) un petit	___	I	d'été
j) un job	___	J	de travail
k) un contrat	___	K	sur le revenu

132

★★★

Welches Wort rund um die **Arbeitswelt** passt zu der Definition?

les syndicats • le comité d'entreprise • la grève • le chômage

a) Il s'occupe du domaine culturel et social dans l'entreprise : ______________________

b) Ils représentent les travailleurs : ______________________

c) Il concerne les personnes sans travail : ______________________

d) C'est l'arrêt du travail pour protester : ______________________

133 ★★★

Diese Sätze sind durcheinandergeraten. Bringen Sie sie wieder in die richtige Reihenfolge.

a) Les | sont | nécessaires | défendre | nos | intérêts | syndicats | pour

____

b) employés | repris | travail | ce | le | ont | Les | matin

____

c) Elle | recommencé | travailler | a | à | il | y | deux | ans | a

____

d) Il | aucune | sur | marché | n' | chance | le | du | travail | a

____

e) licencier | Mon | deux | cents | personnes | va | entreprise | année | cette

____

f) créer | emplois | jeunes | Il | pour | les | des | faut | absolument

____

134 ★★★

Ergänzen Sie die Lücken mit dem richtigen Wort aus dem Bereich **Arbeitsmarkt**. Dafür müssen Sie zuerst die Buchstaben wieder ordnen.

a) Tous les jours, je regarde les offres d'____________. (i l p m e o)

b) Depuis son ____________, mon frère cherche un nouveau poste de technicien. (t m e n c i e i l c e n)

c) Il s'est fait ____________ parce qu'il arrivait tous les jours en retard au bureau. (y e r o r e n v)

d) Notre nouveau collègue me semble très ________________. (c o t n t e m p é)

e) Pour toucher une indemnité de chômage, il faut d'abord remplir un gros ________________. (s s o r i d e)

f) Nous allons ________________ une réunion des délégués la semaine prochaine. (r g n r s o a i e)

135 ★★★

Wie sagen Sie, dass Sie ...

a) ... in den USA studiert haben?

____

b) ... in der Verwaltung arbeiten?

____

c) ... einen selbständigen Beruf ausüben?

____

d) ... in Teilzeit arbeiten?

____

e) ... zu viele Steuern zahlen?

____

f) ... Teamgeist haben?

____

e) ... Ihre Arbeitsbedingungen hart sind?

____

In der Stadt

136 ★

Wo können Sie die Sachen kaufen? Ergänzen Sie die Lücken.

pâtisserie ▪ marchand de journaux ▪ pharmacie ▪ poissonnerie ▪ parfumerie ▪ boucherie ▪ librairie

a) du poisson — *à la* ______

b) de la viande — *à la* ______

c) une tarte aux pommes — *à la* ______

d) du parfum — *à la* ______

e) des médicaments — *à la* ______

f) un journal — *chez le* ______

g) un livre — *à la* ______

137 ★

Finden Sie fünf Wörter in der Buchstabenschlange, die ein **Geschäft** bezeichnen.

lessupermarchéetépicerierttthypermarchéchmagasinertchratriotiercaboutiquedieg

______

______

In Frankreich heißen *Supermärkte* auch **grandes surfaces**. Sie sind meistens in ein *Einkaufszentrum* – **centre commercial** integriert. Das heißt, man findet dort neben dem traditionellen **supermarché *(Supermarkt)*** mit Lebensmitteln eine **galerie marchande**, die aus vielen kleinen **boutiques** besteht. Ein **centre commercial** ist sozusagen eine Stadt in der Stadt!

138 ★

Ergänzen Sie die Sätze mit dem richtigen Verb. Kreuzen Sie an.

a) Le commerçant ______________ des fruits et légumes.

- ☐ A vend
- ☐ B achète
- ☐ C coûte

b) Le client ______________ deux paquets de cigarettes.

- ☐ A vend
- ☐ B achète
- ☐ C ferme

c) Le magasin ______________ à 8 heures du matin.

- ☐ A ferme
- ☐ B ouvre
- ☐ C paye

d) La bouteille de vin ______________ 6 euros.

- ☐ A paye
- ☐ B vend
- ☐ C coûte

139 ★★

Finden Sie das passende **Kleidungsstück** heraus.

robe • pantalon • chaussures • pull • minijupe • manteau

a) Ces ______________ sont vraiment belles, mais je crois qu'elles sont trop petites pour moi.

b) Le ______________ en laine est trop chaud pour rester à la maison.

c) Elle a acheté un ______________ en velours.

d) J'adore cette magnifique ______________ du soir !

e) Pour sortir, il vaut mieux prendre ton ______________ !

f) Tu as vu cette ______________, elle est un peu courte, non ?

140 ★★

Ordnen Sie den Fotos die passenden Wörter zu.

a) *des l* ____________________

b) *un p* ____________________

c) *une c* ____________________

d) *une é* ____________________

141 ★★

Was passt zusammen? Verbinden Sie.

a) la taille	___	A 38 pour des chaussures
b) essayer	___	B 40 pour un pantalon
c) se changer	___	C mettre un vêtement pour voir s'il va bien
d) se déshabiller	___	D mettre d'autres vêtements
e) se couvrir	___	E mettre quelque chose de chaud
f) la pointure	___	F mettre ses vêtements le matin
g) s'habiller	___	G enlever ses vêtements

142

★★

Wählen Sie das passende Wort aus.

a) Je transporte toutes mes affaires dans un grand **sac** / **foulard**.

b) Il offre toujours des **lunettes** / **bijoux** à sa femme pour son anniversaire.

c) Pour se faire une jupe, elle a acheté du beau **plastique** / **tissu**.

d) Dans ce magasin, ils vendent des vêtements de bonne **taille** / **qualité**.

e) 200 euros pour ces bottes, c'est un peu **épais** / **cher** !

f) Je fais **nettoyer** / **déchirer** mes chemises au pressing.

g) C'est un magnifique pull en **cuir** / **laine**.

h) Comme j'ai mal à la gorge, je vais mettre un **foulard** / **chapeau**.

§

Materialien werden mit den Präpositionen **en** oder **de** eingeführt:

des chaussures en/de cuir – *Lederschuhe*
un pull en/de coton – *ein Baumwollpullover*
une boîte en plastique – *eine Plastikdose*

143

★★

Finden Sie die Wörter rund um das Thema **auswärts essen** anhand der Definitionen.

a) On peut y manger midi et soir : *le r* _ _ _ _ _ _ _ _ _

b) Il faut s'y servir soi-même : *le s* _ _ _ - *s* _ _ _ _ _ _

c) On peut y prendre un verre : *le* _ _ _

d) On peut y déguster cafés et pâtisseries : *le s* _ _ _ _ *de* _ _ _

e) Là où sont écrits les plats et les boissons : *la c* _ _ _ _

f) C'est une entrée, un plat et un dessert : *le m* _ _ _

144 ★★

Lesen Sie den Text und kreuzen Sie an, ob die Aussagen richtig oder falsch sind.

Hier soir, nous avions réservé une table pour deux personnes au restaurant « Chez Michel ». Moi, j'ai pris un menu, Sylvain a mangé à la carte. En entrée, il avait des crudités, moi, j'ai choisi une salade niçoise. Comme plat principal, pour lui c'était un steak-frites, moi, j'ai commandé de la viande en sauce. Mais elle était trop grasse. En dessert, mon mari avait une glace et un café et moi, j'ai choisi une crème brûlée. Comme boisson, nous avions un vin rouge assez cher. C'est moi qui ai invité Sylvain pour notre anniversaire de mariage !

	Vrai	**Faux**
a) Ils étaient quatre à dîner au restaurant.		
b) Ils ont pris tous les deux un menu.		
c) En entrée, la femme de Sylvain avait de la soupe.		
d) Sylvain a mangé un steak-frites.		
e) Sa viande à elle était très bonne.		
f) En dessert, Sylvain a pris une crème brûlée.		
g) Le vin était plutôt cher.		
h) Sylvain n'a pas payé l'addition.		

145 ★★

Finden Sie die sieben **Tischutensilien** in der Buchstabenschlange.

lassietteetlverretietasseouetcouteaulicuillèreunserviettouefourchetteduluitghtsou

146 ★★

Diese Sätze zum Thema **Museum, Film und Theater** sind durcheinandergeraten. Setzen Sie sie wieder in die richtige Reihenfolge.

a) Tu | visité | du | l'exposition | temporaire | musée | as | Louvre ? | du

____

b) Monet | Ce | original | un | de | est | tableau

____

c) Depardieu | film | Le | avec | cinéma | au | depuis | jeudi | passe

____

d) de | spectacle | Ce | beaucoup | attire | clowns | de | spectateurs

____

147 ★★★

Behörden: Ergänzen Sie die Lücken mit dem passenden Adjektiv. Dafür müssen Sie zuerst die Buchstaben wieder ordnen.

a) Je vais me renseigner auprès du service ______________ de la mairie. (astfitarmidin)

b) Mon mari travaille à la fonction ______________. (pulibuqe)

c) Elle emprunte régulièrement des livres à la bibliothèque ______________. (euiiamnpcl)

d) Pour se marier, il faut aller au bureau de l'état ______________. (lvcii)

e) C'est un terrain ______________, il appartient à la ville. (lnommcua)

In Frankreich arbeiten **les fonctionnaires** ***(die Beamten)*** 35 Stunden pro Woche und haben ein anderes Streikrecht als in Deutschland.

148 ★★★

Übersetzen Sie die Ausdrücke rund um die **öffentlichen Ämter** ins Französische.

a) *seine Papiere zeigen* ______________________

b) *aufs Polizeirevier gehen* ______________________

c) *im Rathaus arbeiten* ______________________

d) *Schritte unternehmen* ______________________

e) *eine öffentliche Sitzung* ______________________

f) *einen Antrag stellen* ______________________

g) *ein Formular ausfüllen* ______________________

h) *einen Diebstahl melden* ______________________

Im Verkehr

149 ★

Mit welchem **Verkehrsmittel** sind die Personen unterwegs? Kreuzen Sie das passende Wort an.

a) ☐ A le bateau
☐ B le vélo
☐ C la moto

b) ☐ A le bus
☐ B le métro
☐ C la voiture

c) ☐ A le bateau
☐ B le train
☐ C l'avion

d) ☐ A le T.G.V.
☐ B l'avion
☐ C le tramway

150 ★★

Wohin gehen Sie in den folgenden Situationen? Verbinden Sie.

a) attendre le bus	___	A	à l'aéroport
b) prendre de l'essence	___	B	au garage
c) faire réparer la voiture	___	C	à la gare routière
d) garer la voiture	___	D	sur une aire de repos
e) faire une pause sur l'autoroute	___	E	sur un parking
f) prendre le train	___	F	à la station-service
g) prendre le bateau	___	G	à la gare
h) prendre l'avion	___	H	à la douane
i) déclarer des objets	___	I	au port
j) acheter des billets de train	___	J	à la station de métro
k) prendre le métro	___	K	au guichet de la gare

151 ★★

Ergänzen Sie die Lücken mit dem richtigen Begriff rund um den **Straßenverkehr**.

a) Ils font des travaux dans la **route** / **rue** des Roses.

b) Pour se rendre à Nice, il vaut mieux prendre la **route** / **rue** nationale.

c) Cette route de montagnes est pleine de **villages** / **virages**!

d) Elle a attendu plus d'une heure à l'**arrêt** / **entrée** de bus.

e) Sur l'**autoroute** / **accident**, la vitesse est limitée à 130 km/h.

f) Le **carrefour** / **tunnel** du Mont-Blanc fait plus de 11 km.

g) À Paris, il y a souvent des **bouchons** / **péages** sur le **parking** / **périphérique**.

h) Nous devons prendre de l'**essence** / **huile** avant de quitter l'autoroute.

i) Dans cette zone piétonnière, il faut **doubler** / **rouler** à 10 km/h.

152 ★★

Finden Sie das passende Wort heraus.

camions • vélo • métro • locomotives • voiture • ferry

a) À l'aéroport, nous prendrons une ________________ de location pour aller à l'hôtel.

b) Le dimanche, c'est agréable car les ________________ ne circulent pas.

c) Autrefois les trains avaient des ________________ à vapeur.

d) Mon père s'est acheté un nouveau ________________ de course, il veut faire le Tour de France !

e) Pour traverser la Manche, ils ont pris le ________________.

f) Pour changer de gare à Paris, on peut prendre le ________________.

153 Kreuzen Sie die richtige Antwort an.

★★

a) Qui est au volant ?

- ☐ A Elle conduit mal.
- ☐ B C'est moi qui conduis.
- ☐ C Ne roule pas si vite !

b) Que faut-il faire dans le tunnel ?

- ☐ A Klaxonner.
- ☐ B Tomber en panne.
- ☐ C Allumer ses phares.

c) Comment transportez-vous vos meubles ?

- ☐ A À pied.
- ☐ B Avec un casque.
- ☐ C Avec une remorque.

d) Il va falloir qu'on change la roue ?

- ☐ A Oui, avec la roue de secours.
- ☐ B Oui, le feu arrière est cassé.
- ☐ C Oui, j'appelle le chasse-neige.

154 Finden Sie die Wörter rund um den **Schienenverkehr** anhand der Definitionen.

★★

a) Il conduit le train : *le c* _ _ _ _ _ _ _ _ _

b) Tous les trains y entrent : *en g* _ _ _

c) Pour prendre le train il faut en acheter un : *un b* _ _ _ _ _

d) Un autre mot pour un arrêt de métro : *une s* _ _ _ _ _ _

e) Dans le T.G.V., il faut en payer un : *un s* _ _ _ _ _ _ _ _ _

f) Avant d'aller au train il faut les regarder : *les h* _ _ _ _ _ _ _

g) Pour avoir une place assise, il en faut une : *une r* _ _ _ _ _ _ _ _ _ _

h) On peut y attendre les voyageurs : *sur le q* _ _ _

155 ★★

Mit welchem **Transportmittel** sind Sie unterwegs? Kreuzen Sie an.

	la voiture	**le train**	**l'avion**
a) La limitation de vitesse est 130 km/h.			
b) À Paris, je dois changer de gare.			
c) Elle viendra me chercher sur le quai.			
d) Ce matin, nous avons attendu longtemps au rond-point.			
e) Nous avons besoin d'une carte d'em-barquement.			
f) Le vol n'a pas duré très longtemps.			
g) J'ai préféré prendre la voie rapide.			
h) Je m'arrête au feu rouge.			
i) Le contrôleur est passé il y a une demi-heure environ.			

156 ★★★

Diese Sätze sind durcheinandergeraten. Setzen Sie sie wieder in die richtige Reihenfolge.

a) le | visiter | Havre | faut | du | port | absolument | Il

____

b) invités | a | Le | nous | à | du | capitaine | bateau | bord

____

c) Son | décoller | peut | avion | à | cause | temps | du | pas | ne | mauvais

d) annulé | à | grève | de | vol | été | la | Le | cause | a

e) en | voyage | J'emporte | valises | deux | sac | un | et

157 ★★★

Finden Sie alle Verben aus dem Bereich **Verkehr** im Kreuzworträtsel anhand der deutschen Begriffe.

waagerecht: a) fahren (mit dem Auto); b) warten; c) kommen; d) ankommen; e) zurückkehren; f) fahren (ein Auto)

senkrecht: g) gehen, fahren; h) einsteigen; i) (gegen etwas) fahren; j) weggehen, -fahren; abfahren; k) überqueren; l) fliegen

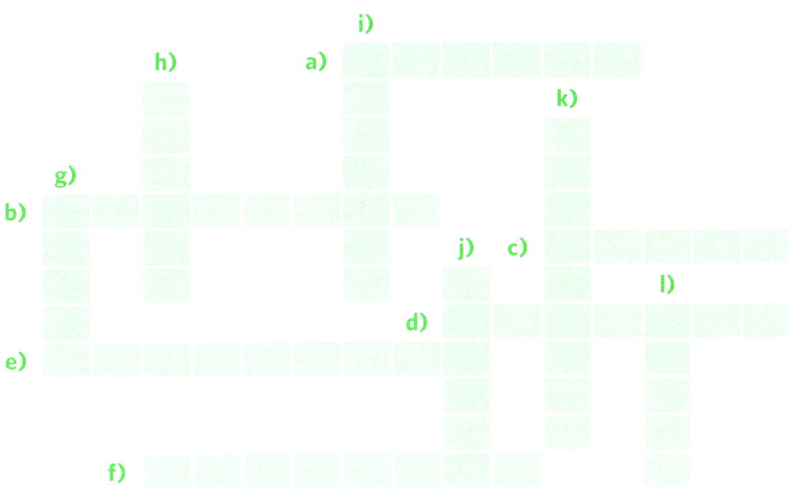

Auf Reisen

158 ★

Welche **Spezialität** passt zu welchem **Land**? Verbinden Sie.

a) les spaghettis, le tiramisu	___	A la France
b) les moules-frites	___	B la Belgique
c) la bière, les saucisses	___	C l'Italie
d) la feta, le retsina	___	D l'Allemagne
e) le thé, le porridge	___	E l'Angleterre
f) les tapas, la paella	___	F la Grèce
g) la baguette, le camembert	___	G l'Espagne
h) le vla, les poffertjes	___	H les Pays-Bas
i) le fado, le porto	___	I la Turquie
j) l'ayran, le raki	___	J le Portugal

159 ★★

Ergänzen Sie die Lücken mit dem passenden Begriff rund um **Land und Sprache**. Kreuzen Sie an.

a) Nous faisons des voyages à ________________.

☐ A l'étranger ☐ B France ☐ C bientôt

b) La Normandie est une belle ________________.

☐ A province ☐ B région ☐ C ville

c) Ils passent le week-end en ________________.

☐ A province ☐ B région ☐ C campagne

d) Elle parle plusieurs ______________.

☐ A pays ☐ B langues ☐ C habitants

e) La Belgique compte environs dix millions et demie d'______________.

☐ A habitants ☐ B hommes ☐ C enfants

f) Le Parlement ______________ se trouve à Strasbourg.

☐ A italien ☐ B français ☐ C européen

g) Les Québécois sont ______________.

☐ A français ☐ B francophones ☐ C néerlandais

160 ★★

Ergänzen Sie mithilfe der Ländernamen in Klammern die Sätze mit dem entsprechenden Adjektiv.

a) Mon plat ______________ préféré, c'est la mousse au chocolat. **(France)**

b) J'aime la musique ______________, surtout les Beatles. **(Angleterre)**

c) Tu connais des films ______________ ? **(Espagne)**

d) Nous raffolons de la cuisine ______________. **(Italie)**

e) Lisbonne est une des plus belles villes ______________. **(Portugal)**

f) Je photographie un paysage ______________. **(Pays-Bas)**

Auf Französisch werden die Länder und die Einwohner großgeschrieben.
Nur die Adjektive und die Sprachen werden kleingeschrieben:

l'Allemagne – *Deutschland*
une ville allemande – *eine deutsche Stadt*
les Allemands – *die Deutschen*
l'allemand – *das Deutsche*

161 ★★

Finden Sie die Wörter rund um das Thema **Reise** mithilfe der Definitionen, indem Sie die Buchstaben wieder richtig ordnen.

a) les gens qui sont en vacances :

u t i t s e o r s — *les* ______

b) on peut lire les rues de la ville dessus :

n l p a — *le* ______

c) un repas sur une couverture dehors dans l'herbe :

p u q i e - u e i n q — *le* ______

d) on peut en faire une en forêt :

n i o s x u e r c — *une* ______

e) on les obtient à l'office du tourisme :

n i s i n f m a t o r o — *des* ______

162 ★★

Ergänzen Sie die Lücken mit den korrekten Begriffen rund ums **Reisen**.

a) Pour voyager à l'étranger, il me faut mon ______.

b) Dans l'avion, l'______ a montré les mesures de sécurité.

c) Pour leur randonnée, ils ont emporté leurs ______________.

d) Nous avons passé nos vacances dans une ______________.

e) Il est parti en voyage avec une seule ______________.

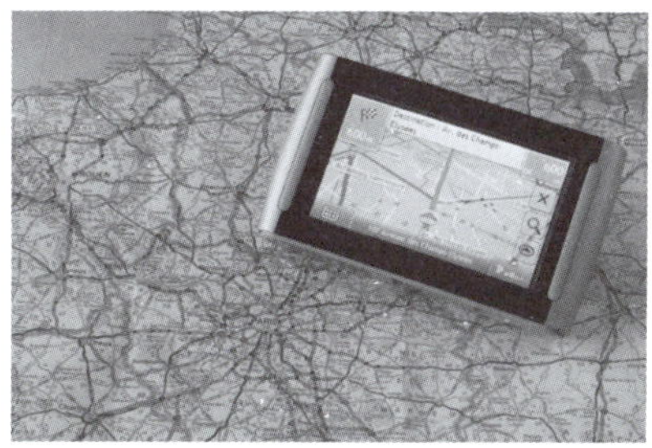

f) Il faut que nous regardions la ______________.

163 ★★

Wählen Sie das passende Adjektiv aus.

a) Nous avons passé nos vacances dans un hôtel **confortable** / **libre**.

b) Le camping était très **calme** / **complet**.

c) Nous avions une vue **tranquille** / **panoramique** sur la mer.

d) Le petit-déjeuner était **complet** / **compris** dans le prix de la chambre.

e) Nous avions choisi la pension **complète** / **comprise**.

f) La salle de bains était **communale** / **commune**, au fond du couloir.

g) L'accueil a été très **élevé** / **chaleureux**.

h) La note a été très **supplémentaire** / **élevée**.

164 ★★

Finden Sie die vier Substantive rund um eine **Wegbeschreibung** in der Buchstabenschlange und ergänzen Sie die Lücken.

leplvilleswreoecapitaleetsurdirectionoucheminparroutedirmilieulacolinsucôté

a) Suivez toujours la même ________________, c'est facile.

b) L'église se trouve au ________________ de la place.

c) Il faut prendre l'autoroute A7 puis la ________________ nationale.

d) C'est un tout petit ________________ de terre.

165 ★★

Kreuzen Sie den passenden Begriff zur Definition an.

a) On peut passer dessus pour traverser un fleuve :

- ☐ **A** un quai
- ☐ **B** un port
- ☐ **C** un pont

b) C'est une ville où les gens vont pour se soigner :

- ☐ **A** une station d'essence
- ☐ **B** une station thermale
- ☐ **C** une aire de repos

c) Il est allumé pour que les bateaux puissent s'orienter :

- ☐ **A** le phare
- ☐ **B** le château
- ☐ **C** le magasin

d) On peut y acheter des objets d'occasion et des antiquités :

- ☐ **A** le marché de Noël
- ☐ **B** le marché aux puces
- ☐ **C** le marché aux poissons

Im Französischen gibt es nur ein Wort für *Burg* oder *Schloss*: **le château**. Wenn es eine Burg mit Festung ist, dann spricht man von **le château fort**.

166 Ergänzen Sie die Lücken mit dem richtigen Verb in der korrekten Form.

★★★

tourner • se trouver • aller • prendre • indiquer • traverser • revenir • passer

a) Pouvez-vous m'__________ où __________ la cathédrale, s'il vous plaît ?

b) Pour __________ au musée, il faut __________ par où ?

c) Faut-il __________ la place pour rejoindre la Tour Bretagne ?

d) Je me suis perdu, je crois que j'__________ en rond.

e) Vous __________ la première rue à gauche, c'est facile.

f) Vous pouvez partir dans cette direction et __________ par l'autre côté.

167 Wie beschreiben Sie den **Weg** und sagen, dass...

★★★

a) ... die Kathedrale sich auf der linken Seite befindet?

____

b) ... man immer geradeaus gehen muss, um zum Rathaus zu kommen?

____

c) ... die Post ganz nah ist und man zu Fuß dorthin gehen kann?

____

d) ... das Museum ca. 100 Meter entfernt ist?

____

In der Natur

168 ★

Welcher **Landschaftsbegriff** passt zu welchem Foto? Ergänzen Sie die Lücken.

la mer • le champ • la montagne • la campagne • la forêt • la rivière

a) ____________

b) ____________

c) ____________

d) ____________

e) ____________

f) ____________

169 ★★

Kennen Sie diese **Landschaften**? Verbinden Sie sie mit ihrer entsprechenden Bezeichnung.

a) Ré, Noirmoutier, Oléron

b) l'Atlantique, le Pacifique

c) la Manche, la Méditerranée

d) le Mont-Blanc, les Pyrénées

e) la Loire, la Seine, le Rhin

___ A des océans

___ B des mers

___ C des fleuves

___ D des chaînes de montagnes

___ E des îles

170 ★★

Tiere oder Pflanzen? Ordnen Sie die Begriffe in die richtige Tabellenspalte ein.

le chien • la rose • l'érable • la souris • le poisson • la tulipe • le chat • la vache • le pin • le marronnier • le cheval • le tigre • l'œillet • le lion • le platane • le chêne

la flore *(Pflanzenwelt)*	**la faune** *(Tierwelt)*

171 ★★

Ergänzen Sie die Lücken anhand der deutschen Wörter in Klammern.

a) J'adore les ______________, surtout les roses. *(Blumen)*

b) Il a offert un ______________ de tulipes à sa femme. *(Strauß)*

c) Le marronnier et le tilleul sont des ______________ idéaux dans les parcs. *(Bäume)*

d) Mes œillets ne ______________ pas, il leur faut de l'engrais. *(wachsen)*

e) J'ai un ______________ rouge et bleu qui sait parler. *(Papagei)*

f) Le ______________ nous réveille tous les matins vers 4 heures. *(Hahn)*

g) Mon fils adore aller voir les ______________ au zoo, il leur donne des cacahuètes. *(Affen)*

172 ★★

Kreuzen Sie an, ob die Aussagen schönes oder schlechtes **Wetter** bedeuten.

	beau temps	**mauvais temps**
a) Le ciel est clair.		
b) Il risque de pleuvoir.		
c) Il grêle.		
d) Il y a de l'orage.		
e) Quelle chaleur !		
f) Ils annoncent une grosse tempête.		
g) Le ciel s'éclaircit, les nuages s'en vont.		

173 ★★

Diese Sätze sind durcheinandergeraten. Bringen Sie sie wieder in die richtige Reihenfolge.

a) Il | encore | saison | la | pour | fait | froid

____

b) annoncé | de | nuages | météo | a | gros | ce | pour | soir | La

____

c) brouillard | sur | l'autoroute | Il | beaucoup | y | avait | de

____

d) En | avalanches | il | faire | aux | attention | faut | montagne,

____

§

Es ist kalt/warm/schön/schlecht wird mit dem französischen Verb **faire** ausgedrückt:
Il fait froid/chaud/beau/mauvais.

174 ★★★

Ergänzen Sie die Lücken mit einem Begriff zum Thema **Umweltschutz**.

a) Ce produit est *d* ______________ pour la santé.

b) En ville, il y a beaucoup de *b* ______________ et de *p* ______________ à cause de la circulation.

c) Nous devrions faire plus pour protéger l'*e* ______________.

d) Il y a de plus en plus de *c* ______________ naturelles.

e) Les *é* ______________ ont protesté contre la construction d'une nouvelle autoroute.

175 ★★★

Finden Sie 15 Begriffe rund um das Thema **Natur und Klima** in dem Buchstabengitter und notieren Sie sie.

C	T	E	M	P	S	C	I	P	U	L	V
Y	T	B	R	U	M	E	I	L	I	O	E
C	R	E	E	P	L	U	I	E	I	U	R
L	V	H	M	W	X	E	L	C	L	R	G
O	E	G	R	P	L	O	E	L	O	A	L
N	N	U	A	O	Ê	R	G	I	R	G	A
E	T	N	S	I	V	T	R	M	A	A	S
Q	L	N	E	I	G	E	E	A	G	N	O
N	P	E	G	R	Ê	L	E	T	E	E	I

waagerecht: ______________

senkrecht: ______________

diagonal: ______________

Politik und Staat

176 ★

Verbinden Sie die zusammengehörigen **politischen Begriffe**.

a) la chancelière ___ A de l'homme

b) le président ___ B fédérale (Angela Merkel)

c) le drapeau tricolore ___ C de la République (François Hollande)

d) les droits ___ D bleu, blanc, rouge

e) le système ___ E allemands

f) les citoyens ___ F politique

Die aktuelle Republik in Frankreich ist **La Cinquième République française,** ***die fünfte französische Republik*** seit der Revolution 1789, das heißt die fünfte republikanische Verfassung. Sie besteht seit dem 5. Oktober 1958.

177 ★★

Ergänzen Sie die Sätze zum Thema **Politik und Sozialstaat** mit dem richtigen Verb.

a) La chancelière fédérale ________ l'Allemagne depuis 2005.

☐ A vote ☐ B augmente ☐ C gouverne

b) Les revenus des ménages ont ________ de 5% depuis l'année dernière.

☐ A diminué ☐ B voté ☐ C cotisé

c) Dimanche, nous allons ________ aux élections municipales.

☐ A dépenser ☐ B voter ☐ C augmenter

d) Les Français ______________ beaucoup d'argent pour le logement et la nourriture.

☐ A baissent ☐ B augmentent ☐ C dépensent

e) Le comité municipal a décidé d'ériger un monument aux morts pour

la ______________.

☐ A patrie ☐ B politique ☐ C majorité

178 ★★

Wählen Sie das richtige Wort aus dem Bereich der **Politik** aus.

a) Le président de la République a fait un discours devant la **démocratie** / **patrie** / **nation**.

b) La France a un **drapeau** / **régime** / **droit** démocratique parlementaire.

c) Tous les **présidents** / **étrangers** / **citoyens** de plus de dix-huit ans ont le droit d'aller voter.

d) Le président de la République représente **le Parlement** / **le Sénat** / **l'État** français.

e) Il s'intéresse beaucoup à la **politique** / **république** / **Révolution** et lit tous les journaux d'actualité.

f) Le ministre de l'Intérieur a fait un discours devant une **nation** / **opposition** / **assemblée** nombreuse.

g) Ils ont gagné les élections européennes avec une très grande **contribution** / **majorité** / **nationalité**.

h) La semaine dernière, le **parti** / **député** / **gouvernement** a adopté le projet de loi sur les retraites.

179 ★★★

Finden Sie den richtigen Begriff zum Thema **Sozialstaat und Steuern**.

impôts • contributions • Sécurité sociale • salaire minimum • revenu de solidarité • retraite

a) En France tout le monde doit cotiser à la ____________________, elle paie par exemple les frais de médecin et d'hôpital.

b) Les personnes qui sont sans travail et sans argent peuvent demander le

____________________.

c) À la fin de sa carrière, en France à soixante-deux ans en ce moment, on part en

____________________.

d) Les ____________________ sociales sont partagées entre les employés et les entreprises.

e) Avec les ____________________, l'État finance ses dépenses.

f) Le ____________________ est d'environ 9,50 euros de l'heure en France.

180 ★★★

Diese Sätze sind durcheinandergeraten. Setzen Sie sie wieder in die richtige Reihenfolge.

a) Mes | sont | du | Maroc | étrangers, | viennent | ils | voisins

____

b) travail | Les | des | difficultés | trouver | immigrés | ont | à | souvent | du

____

c) d'origine | africaine | mais | j'ai | suis | Je | nationalité | la | française

____

d) le | train | des | avait | Il | y | dans | militaires | permission | en

....

e) Son | commandant | dans | est | l'armée | père | anglaise

....

f) militaires, | camps | les | Dans | apprend | à | contre | l'ennemi | on | lutter

....

181 ★★★

Übersetzen Sie diese Ausdrücke ins Französische.

a) *das politische System* ....

b) *der Politiker* ....

c) *die Menschenrechte* ....

d) *der Nationalfeiertag* ....

e) *die Nationalversammlung* ....

f) *die absolute Mehrheit* ....

g) *der Außenminister* ....

h) *die doppelte Staatsbürgerschaft* ....

i) *der Wehrdienst* ....

Der französische Nationalfeiertag – **le Quatorze Juillet** – wird, wie der Name es schon sagt, am *14. Juli* gefeiert. Er erinnert an den Sturm auf die **Bastille,** der den Beginn der französischen Revolution 1789 markierte und das Ende der absoluten Monarchie bedeutete. Überall im Land gibt es am 14. Juli Feierlichkeiten, Tanzveranstaltungen und Feuerwerke. Auf den **Champs Elysées** in Paris finden jedes Jahr Militärparaden statt.

Die Gesellschaft

182 ★

Finden Sie sieben Begriffe im Zusammenhang mit der **Bevölkerung** in der Buchstabenschlange.

cejeunesitgenssociclasseetcpopulationdasociétéfilmilieudefortpunesanménages

les ______, *les* ______, *la* ______,

la ______, *la* ______, *le* ______,

les ______

Üben Sie die unterschiedliche Aussprache von **jeunes** *(jung; Jugendliche)* und **gens** *(Leute)*, indem Sie den Zungenbrecher laut sagen:

Les jeunes gens déjeunent avec un agent. *(Die jungen Leute frühstücken mit einem Polizisten.)*

183 ★★

Kreuzen Sie anhand der Definitionen das passende Wort an.

a) Il règle la circulation au carrefour et fait des contrôles d'alcoolémie :

- ☐ **A** le juge
- ☐ **B** l'agent de police
- ☐ **C** le contrôleur

b) Il interroge les gens qui ont eu un accident :

- ☐ **A** le témoin
- ☐ **B** le C.R.S.
- ☐ **C** l'inspecteur de police

c) Il entre dans les maisons et prend les bijoux et l'argent :

- ☐ **A** le bijoutier
- ☐ **B** le voleur
- ☐ **C** le gendarme

d) Il enquête sur les meurtres et les crimes :

- ☐ **A** le criminel
- ☐ **B** le meurtrier
- ☐ **C** le commissaire

e) Le département qui s'occupe des affaires criminelles :

- ☐ A la police judiciaire
- ☐ B la gendarmerie
- ☐ C la criminalité

f) Le moment où la police pose des questions aux suspects :

- ☐ A l'interview
- ☐ B l'interrogatoire
- ☐ C le procès

g) La police et la justice luttent contre elle :

- ☐ A la sécurité
- ☐ B la propreté
- ☐ C la criminalité

h) Depuis les attentats terroristes, beaucoup pensent qu'ils y sont :

- ☐ A en danger
- ☐ B en sécurité
- ☐ C en route

184 ★★

Verbinden Sie die zusammengehörigen Satzteile zum Thema **Recht und Justiz**.

a) Il a eu un accident mais	___	A	alors le procès a été reporté.
b) L'accusé n'est pas venu,	___	B	appellera le premier témoin.
c) Il a un coup de téléphone de	___	C	parvenir à un jugement.
d) Le jury a mis trois jours pour	___	D	tribunal de Nanterre.
e) La justice fait tout son possible	___	E	pour retrouver le voleur.
f) Le procès a eu lieu au	___	F	il n'est pas en tort.
g) Le juge a lu	___	G	le verdict et il est coupable.
h) Demain, le tribunal	___	H	son avocat.

185 ★★

Gut oder böse? Ordnen Sie die Begriffe der richtigen Spalte zu.

le flic • voler • le policier • le criminel • le voleur • la sécurité • la violence • protéger • tuer • illégal • le commissaire • légal

les bons	les méchants

Das Gute und Böse im Menschen heißt auf Französisch **le bien et le mal**. Wenn man *die Guten und die Bösen* meint, wie oft in Krimis, spricht man von **les bons et les méchants**. *Krimi* heißt übrigens auf Französisch **le film policier** oder **le roman policier**, je nachdem ob es sich um einen Film oder ein Buch handelt.

186 ★★

Mithilfe der deutschen Wörter in Klammern ergänzen Sie die Sätze rund um das Leben in einer **Gruppe** oder in einem **Verein**.

a) Nous voyageons avec un ______________ de dix personnes. *(Gruppe)*

b) Nous ______________ une réunion pour la semaine prochaine, tu peux venir ? *(organisieren)*

c) Nos voisins ont ______________ une fondation pour aider les enfants au Congo. *(gegründet)*

d) La ______________ des infirmiers a duré tout l'après-midi. *(Demonstration)*

e) Je ______________ les manifestants, je trouve qu'ils ont raison de se battre de cette manière. *(unterstütze)*

f) Ils ont créé ______ cette association pour la protection de l'environnement. *(zusammen)*

g) Nous avons besoin d'obtenir plus de fonds, tu peux nous ______ à organiser une réunion ? *(helfen)*

h) David fait partie du ______ de foot depuis janvier. *(Verein)*

187 ★★★

Finden Sie die 14 Wörter zum Thema **Gesellschaft** in dem Buchstabengitter und schreiben Sie sie auf.

Q	S	O	L	I	T	U	D	E	O	L	T	I	P
A	B	Z	U	I	M	É	N	A	G	E	S	B	O
R	O	S	S	O	C	I	É	T	É	E	I	O	P
I	U	O	W	J	Z	U	M	M	O	A	B	U	U
C	R	C	M	I	S	È	R	E	C	I	C	R	L
H	A	I	W	Z	C	X	D	V	I	S	L	G	A
E	E	A	F	O	R	T	U	N	E	É	A	E	T
A	I	L	P	A	U	V	R	E	T	I	S	O	I
O	P	X	Y	S	M	I	L	I	E	U	S	I	O
S	P	O	P	U	L	A	I	R	E	D	E	S	N

waagerecht: ______

______

senkrecht: ______

______

Wirtschaft und Finanzen

188 ★

Verbinden Sie die Wörter aus derselben Wortfamilie.

a) la production	___	A	industriel
b) l'industrie	___	B	cultiver
c) l'agriculture	___	C	le produit
d) l'artisanat	___	D	économique
e) l'économie	___	E	agricole
f) les cultures	___	F	l'artisan
g) la ferme	___	G	le viticulteur
h) le vignoble	___	H	la fermière

189 ★

Zu welcher **Branche** passen diese Bilder? Kreuzen Sie den richtigen Begriff an.

a) ☐ A l'agriculture
☐ B l'artisanat
☐ C l'élevage

b) ☐ A l'industrie
☐ B l'agriculture
☐ C l'artisanat

c) ☐ A l'économie
☐ B la mine
☐ C l'élevage

d) ☐ A l'industrie
☐ B l'artisanat
☐ C l'agriculture

190 ★★

Ergänzen Sie die Lücken zum Thema **Industrie und Landwirtschaft**.

mine • production • usine • ferme • stratégie • développement • entreprises • viticulteurs • coopérative

a) Les managers veulent définir une nouvelle ____________.

b) Ces ____________ sont spécialisées dans la ____________ de pièces automobiles.

c) Mon père travaille dans une ____________ de vêtements.

d) Mon frère est ingénieur, il s'occupe du ____________ de nouvelles technologies.

e) Les fermiers font partie d'une ____________, c'est plus rentable.

f) Les ____________ sont contents de leurs vins cette année.

g) Mon grand-père travaillait dans une ____________ de charbon dans le Nord de la France.

h) J'ai toujours rêvé de reprendre une ____________ à la campagne.

191 ★★

Finden Sie die richtigen Wörter zu den Bereichen **Landwirtschaft und Bergbau** anhand der Definitionen.

a) On les trouve dans la nature : *les m _ t i _ _ _ s p r _ m _ _ r _ s*

b) Il vit à la ferme : *le p _ y _ _ _*

c) La Russie en exporte beaucoup : *du g _ _ n _ t _ r _ l*

d) Les vaches y vivent en hiver : *l'é _ _ b _ _*

e) On l'utilise pour l'essence : *le p _ t r _ _ e*

f) Là où pousse le raisin : *le v _ g n _ _ _ e*

g) C'est un gros groupe de moutons : *le t _ _ _ p _ _ u*

h) On le trouve dans une mine : *le c h _ _ b _ n*

192 ★★

Kreuzen Sie die richtige Antwort an.

a) Quelle est sa fonction ?

☐ A Il est chef d'entreprise.

☐ B Je suis manager.

☐ C Une société privée.

b) Vous travaillez dans quelle branche ?

☐ A Pour une activité économique.

☐ B Lors de la crise économique.

☐ C Dans l'industrie chimique.

c) Il est ouvrier agricole ?

☐ A Oui, il travaille à la mine.

☐ B Oui, il travaille à l'usine.

☐ C Oui, il travaille à la ferme.

d) Il est dans l'élevage ?

☐ A Oui, il cultive la vigne.

☐ B Oui, de truites.

☐ C Non, il élève des cochons.

193 ★★★

Wählen Sie den passenden Begriff rund um den **Handel** aus.

a) Les marchés / paiements / comptes financiers font la une des journaux.

b) Ce sont surtout les petits consommateurs / commerçants / centimes qui sont contents des ventes de fin d'année.

c) La France veut développer ses échanges commerciaux / ruraux / commerçants avec la Chine.

d) La demande / crise / somme est en baisse, car les ménages ont moins d'argent.

e) Le système / monde / sous-développement touche beaucoup de pays d'Afrique.

In Frankreich nutzt man für den bargeldlosen Zahlungsverkehr meist die **carte de crédit** *(Kreditkarte)* oder den **chèque** *(Scheck)*.

194 ★★★

Wie sagen Sie, dass ...

a) ... Sie bar zahlen?

____

b) ... Sie Geld anlegen möchten?

____

c) ... Sie eine Lebensversicherung haben?

____

d) ... Sie keine Kreditkarten besitzen?

____

Wissenschaft und Forschung

195 ★

Verbinden Sie die **Wissenschaften** mit den dazugehörigen Begriffen.

a) l'histoire	___	A l'atome
b) la technique	___	B le Moyen-Âge
c) la philosophie	___	C Dieu
d) la chimie	___	D les idées, la morale
e) la religion	___	E les mots, les sons
f) la linguistique	___	F les chiffres
g) la littérature	___	G les livres
h) les mathématiques	___	H l'ordinateur, la voiture
i) la physique	___	I le corps humain
j) l'astronomie	___	J l'électricité
k) la biologie	___	K les astres

196 ★

Was passt in die Lücke? Kreuzen Sie an.

a) La Révolution Française a été un événement ______________.

☐ A philosophique ☐ B historique ☐ C technique

b) Les philosophes s'intéressent à l'______________.

☐ A histoire ☐ B espace ☐ C esprit

c) La ______________ est la science de la vie.

☐ A chimie ☐ B biologie ☐ C recherche

d) Jules Verne est un grand ______________.

☐ **A** écrivain ☐ **B** roman ☐ **C** héros

e) La Pentecôte est une fête ______________.

☐ **A** musulmane ☐ **B** bouddhiste ☐ **C** chrétienne

f) Je cherche un mot dans le ______________.

☐ **A** titre ☐ **B** dictionnaire ☐ **C** magazine

197 ★★

Ergänzen Sie die Lücken mit dem entsprechenden Wort aus dem Bereich **Geschichte**.

libération • Antiquité • préhistoire • indépendance • Guerre • siècle • réunification • résistant

a) Le XVIIIe ______________ est une époque passionnante.

b) Les mammouths vivaient à la ______________.

c) Charles de Gaulle était aussi un ______________ pendant la Seconde Guerre mondiale.

d) Le 4 juillet, les États-Unis fêtent leur ______________.

e) Dans l'______________, l'Empire Romain m'intéresse beaucoup.

f) La Première ______________ mondiale a duré de 1914 à 1918.

g) La ______________ de l'Allemagne a eu lieu en 1990.

h) La ______________ de la France par les Alliés a commencé en 1944.

Um über ein Ereignis zu berichten, braucht man die Verben **se passer** *(passieren; geschehen; sich ereignen)*, **avoir lieu** *(stattfinden)* oder **arriver** *(passieren)*.

198 ★★

Sehen Sie sich die Bilder an und kreuzen Sie den passenden Satz rund um die **Religion** an.

a) ☐ A Ce sont des chocolats de Pâques.
☐ B Ce sont des chocolats de Noël.
☐ C Ce sont des chocolats de la Toussaint.

b) ☐ A À Strasbourg, ils fêtent l'Ascension.
☐ B À Strasbourg, ils fêtent la Pentecôte.
☐ C À Strasbourg, ils fêtent Noël.

c) ☐ A Au Mont-Saint-Michel, il y a un minaret.
☐ B Au Mont-Saint-Michel, il y a une église.
☐ C Au Mont-Saint-Michel, il y a une place.

d) ☐ A Il symbolise l'enfer.
☐ B Il symbolise la religion.
☐ C Il symbolise le paradis.

e) ☐ A Elle est protestante.
☐ B Elle est musulmane.
☐ C Elle est hindoue.

199 ★★

Finden Sie die zehn Substantive, die man in der **Sprachwissenschaft** oft braucht, in der Buchstabenschlange.

lenomarticleopprésentunexpressiondeadjectifluverbepmotrephraseetplurielfuturi

____

____

____

200 ★★

Ergänzen Sie die Lücken mit dem entsprechenden Begriff aus der **Literatur**.

héros • auteur • titre • romans • chapitre • contes • rimes • vers • B.D. • genre

a) Je peux le commander, mais vous avez le ________ exact du livre ?

b) La poésie n'est pas mon ________ littéraire préféré.

c) J'aime tous les ________ policiers.

d) Cette pièce de théâtre de Molière est écrite en ________.

e) Mes élèves apprennent à écrire des poèmes avec des ________ qui se finissent en -té.

f) Ma fille adore les ________ de fée.

g) J'ai déjà lu plusieurs œuvres de cet ________.

h) Je suis déjà au troisième ________ de mon livre.

i) Le ________ du livre s'appelle Simon.

j) Mon fils lit surtout des ________, il adore les dessins.

201 ★★

Wählen Sie das passende Wort zum Thema **Forschung und Technik** aus.

a) Les biologistes viennent de faire une **technique** / **recherche** / **découverte** sensationnelle.

b) Edison est l'**auteur** / **artiste** / **inventeur** de l'ampoule électrique.

c) Mon frère est **écrivain** / **chercheur** / **romancier** dans un institut médical.

d) Des **mathématiques** / **laboratoires** / **scientifiques** du monde entier se sont réunis dimanche dernier.

e) La lumière s'est éteinte, il y a eu une panne d'**électricité** / **électron** / **élection**.

f) L'eau **compte** / **conduit** / **contient** le courant électrique.

g) Pour avoir la somme totale, il faut **multiplier** / **diviser** / **additionner** toutes nos dépenses.

202 ★★

Finden Sie die Begriffe rund um das **Universum** anhand der Definitionen.

a) C'est la science des astres : *l'a* _ _ _ _ _ _ _ _ _

b) Nous vivons sur cette planète : *la T* _ _ _ _

c) Nous la voyons le soir ou la nuit : *la l* _ _ _

d) Celle de Halley en est une : *une c* _ _ _ _ _

e) C'est la couche autour de notre planète : *l'a* _ _ _ _ _ _ _ _ _

f) Nous vivons dans ce système : *le s* _ _ _ _ _ _
_ _ _ _ _ _ _

g) Les astronautes y voyagent : *l'e* _ _ _ _ _

203 ★★★

Wie sagen Sie, dass ...

a) ... Geschichte Sie fasziniert?

____

b) ... Sie wirklich gut in Mathematik sind?

____

c) ... Sie überhaupt kein Zahlengedächtnis haben?

____

d) ... Sie in einem Labor arbeiten?

____

e) ... Sie Literaturwissenschaft studieren?

____

Kommunikation und Medien

204 ★

Verbinden Sie die Satzteile so, dass sie einen sinnvollen Ausdruck aus dem Bereich **Telefon und Fax** ergeben. Nur eine Lösung ist möglich.

a) parler sur	___	A un message
b) téléphoner	___	B un coup de fil à quelqu'un
c) se tromper	___	C le répondeur
d) passer	___	D de numéro
e) laisser	___	E à quelqu'un
f) répondre	___	F au téléphone

205 ★

Welcher Begriff zur **EDV** passt zu welchem Foto? Ergänzen Sie die Lücken.

le smartphone • l'ordinateur • la souris • les enceintes • l'écran • l'imprimante

a) ____________

b) ____________

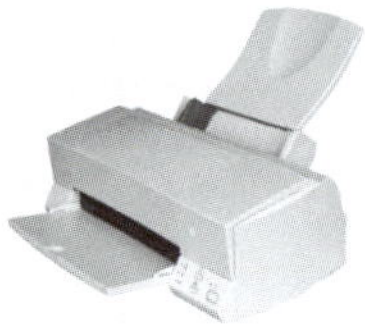

c) ____________

d) ____________

e) ____________

f) ____________

!

Die englische Bezeichnung für das Wort *Computer* gibt es auf Französisch nicht, es heißt **l'ordinateur**! Die *EDV* übersetzt man mit **l'informatique** (f). Wichtige Begriffe sind außerdem **le matériel** *(Hardware)* und **le logiciel** (*Software*), die auch nicht aus dem Englischen abgeleitet sind.

206 ★★

Ergänzen Sie die Lücken mit dem passenden Wort zum Thema **Post**. Kreuzen Sie an.

a) une ____________ de vœux

- ☐ A lettre
- ☐ B carte
- ☐ C poste

b) une ____________ recommandée

- ☐ A enveloppe
- ☐ B carte
- ☐ C lettre

c) envoyer un ____________

- ☐ A paquet
- ☐ B timbre
- ☐ C guichet

d) distribuer le ____________

- ☐ A facteur
- ☐ B courrier
- ☐ C code postal

e) coller un ____________

- ☐ A paquet
- ☐ B timbre
- ☐ C colis

f) la ____________ de l'entreprise

- ☐ A poste
- ☐ B factrice
- ☐ C boîte postale

207 Wählen Sie den passenden Begriff aus dem Bereich **Kommunikation** aus.

★★

a) Je n'ai pas de portable, je dois aller dans une cabine / carte / boîte téléphonique.

b) Excusez-moi, je cherche une boîte postale / aux lettres / vocale pour poster mes lettres.

c) Je vais appeler les informations / traitements / renseignements pour avoir le numéro du zoo.

d) Ils chattent / battent / chassent pendant des heures sur Internet.

e) Attendez une minute, je vous le donne / prends / passe.

f) Au service du personnel, ils ont un nouveau clavier / logiciel / tampon plus puissant.

g) Madame Simon n'est pas là, elle peut vous sonner / raccrocher / rappeler ?

208 ★★

Sehen oder **hören**? Ordnen Sie die Begriffe in die richtige Tabellenspalte ein.

la radio • la télévision • le téléspectateur • l'auditeur • le CD • la photo • la vidéo • la chaîne hifi • zapper • le mp3

regarder	écouter

209 ★★

Ergänzen Sie das entsprechende Substantiv zum Thema **Bild und Ton**.

micro • appareil photo • console • casque • piles • enceinte

a) Tu devrais placer une ____________ de chaque côté de la chaîne.

b) Il y a du bruit, j'écoute la musique avec mon ____________.

c) Les ____________ de ma radio sont vides, je dois les changer

d) Emporte ton ____________ pour pouvoir photographier le paysage !

e) Il a eu une nouvelle ____________ de jeux pour son anniversaire.

f) On n'entend pas ce qu'il dit, son ____________ ne marche pas.

!

Vorsicht vor falschen Freunden! *Der Film*, den man für einen Fotoapparat benutzt, heißt auf Französisch **la pellicule**. **Le film** ist *der Fernseh-* oder *Kinofilm.*
Das Wort **enceinte** bedeutet als Adjektiv *schwanger*, als Substantiv aber *Lautsprecher*!
Die Batterien in Geräten heißen **les piles**. **La batterie** ist *die Autobatterie* oder auch *das Schlagzeug.*

210 ★★

Diese Sätze rund ums **Fernsehen** sind durcheinandergeraten. Setzen Sie sie wieder in die richtige Reihenfolge.

a) Tu | la | télécommande, | passer | me | s'il | te | peux | plaît ?

____

b) financée | la | par | Cette | est | chaîne | publicité

____

c) bon | je | aime | variétés, | n' | préfère | film | les | Je | un | pas du tout

____

211 ★★★

Finden Sie die 16 Begriffe aus dem **Verlagswesen** in dem Gitter.

P	R	E	S	S	E	A	M	É	D	I	A	S	S
U	M	R	O	U	N	E	A	R	T	I	C	L	E
B	É	U	R	J	O	U	R	N	A	L	I	L	S
L	D	B	T	E	U	A	N	N	O	N	C	E	N
I	A	R	I	T	I	T	R	E	N	O	M	I	U
E	T	I	R	I	N	F	O	R	M	E	R	A	M
R	I	Q	U	E	A	C	T	U	A	L	I	T	É
B	Q	U	O	T	I	D	I	E	N	Z	O	M	R
U	T	E	N	M	N	O	U	V	E	L	L	E	O

waaagerecht: *la* ____________, *les* ____________,

la ____________, *l'* ____________, *le* ____________,

l' ____________, *le* ____________, ____________,

l' ____________, *le* ____________, *la* ____________

senkrecht: ____________, *la* ____________, ____________,

le ____________, *le* ____________

Uhrzeit und Tageszeit

212 ★

Wie lautet die korrekte **Uhrzeit**? Tragen Sie sie in die Lücke ein. Verwenden Sie alle Wörter im Kasten.

six ▪ trois ▪ et ▪ quart ▪ heures ▪ quatre ▪ heures ▪ et ▪ demie ▪ heures

a) ______________________

____

b) ______________________

____

c) ______________________

____

213 ★

Was passt in die Lücke? Kreuzen Sie den passenden Begriff bzw. den passenden Ausdruck an.

a) 60 min. = une ____________

- ☐ A heure
- ☐ B minute
- ☐ C seconde

b) 60 s. = une ____________

- ☐ A seconde
- ☐ B demi-heure
- ☐ C minute

c) 90 min. = une ____________

- ☐ A demi-heure
- ☐ B heure et demie
- ☐ C trois quarts d'heure

d) 09 h 00 = il est ____________

- ☐ A vers neuf heures
- ☐ B neuf heures pile
- ☐ C neuf heures et quart

e) 07 h 45 = il est ______

- ☐ A huit heures moins le quart
- ☐ B sept heures et quart
- ☐ C vers sept heures

f) 10 h 00 = il est 10 h ______

- ☐ A du soir
- ☐ B de l'après-midi
- ☐ C du matin

12.00 Uhr übersetzt man mit **midi** (m) und *24.00* bzw. *0.00 Uhr* mit **minuit** (m).

Les cloches sonnent à midi. – *Die Glocken läuten um 12 Uhr mittags.*
Je vais à la messe de minuit. – *Ich gehe zur Mitternachtsmesse.*
À minuit, nous sommes déjà couchés. – *Um Mitternacht liegen wir schon im Bett.*

214 ★★

Wählen Sie den richtigen **Zeitbegriff**.

a) Je n'ai pas vu **la minute** / **la seconde** / **l'heure** passer !

b) Je suis toujours à l'**accueil** / **heure** / **arrivée**.

c) Je me lève à six heures tous les **matins** / **soirs** / **après-midis**.

d) Mes enfants adorent faire la grasse **journée** / **matinée** / **soirée**.

e) Ma **moto** / **montre** / **machine** ne marche plus.

f) Il viendra **contre** / **vers** / **sans** midi.

g) L'**aiguille** / **horloge** / **heure** de ma grand-mère indique sept heures.

h) Ma montre **va** / **part** / **avance** de dix minutes.

i) Je suis arrivé en **avance** / **été** / **retard** pour ne pas manquer le bus.

j) C'est une femme très **ponctuelle** / **superficielle** / **fidèle**, elle arrive toujours à l'heure.

k) La chambre d'hôtel coûte 80 euros par **nuit** / **lit** / **an**.

215

★★

Ergänzen Sie die Lücken mit dem richtigen Begriff.

tôt • tard • avance • retard • aube • heure • nuit

a) Il faut se lever le plus ______________ possible pour être à l'heure !

b) Elle m'énerve, elle arrive toujours en ______________ !

c) On partira à l'______________, dès 5 heures, pour éviter les bouchons.

d) La ______________ tombe, rentrons vite à la maison.

e) Il est ______________, les enfants, il est l'heure de se coucher !

f) Il doit se lever de bonne ______________ pour aller à l'école.

g) Ma montre ______________, on a encore le temps.

216

★★★

Was sagen Sie in folgenden Situationen?

a) Sie wünschen Freunden einen schönen Tag.

____

b) Sie fragen nach der genauen Uhrzeit.

____

c) Sie bitten um eine Antwort so früh wie möglich.

____

d) Sie kündigen an, dass Sie zu spät kommen werden.

____

e) Sie sagen, dass der Bus heute pünktlich ist.

____

Datum und Kalender

217 ★

Finden Sie die **Wochentage** in der Buchstabenschlange und schreiben Sie sie mit Montag beginnend auf.

leletmardietjeudidumarsamediepurjeulundiavvendredisonsamercrediidimanche

______, ______, ______,

______, ______, ______,

______

!

Für *Wochenende* benutzt man auf Französisch das englische Wort **le week-end**.
La fin de semaine ist allgemeiner und kann den Freitag oder sogar den Donnerstag mit einbeziehen!

218 ★★

Finden Sie die **Monate** anhand der Beschreibungen und füllen Sie die Lücken aus.

a) le mois de Noël : _ _ _ _ _ _ _ _

b) le mois de la Fête nationale française : _ _ _ _ _ _ _

c) le mois de la réunification allemande : _ _ _ _ _ _ _

d) le mois avec le jour de l'année le plus long : _ _ _ _

e) le premier mois de l'automne : _ _ _ _ _ _ _ _ _

f) le premier mois de l'année : _ _ _ _ _ _ _

g) le mois de la Fête du travail : _ _ _

h) on fait des blagues le premier jour de ce mois : _ _ _ _ _

i) le mois de la Toussaint : _ _ _ _ _ _ _ _

j) C'est un mois de vacances d'été en France : _ _ _ _

219 ★★

Ordnen Sie die Begriffe der richtigen **Jahreszeiten** in der Tabelle zu.

la neige • le soleil • les feuilles mortes • les fruits • les fleurs • le ski • la plage • les champignons • la chaleur • la cheminée • la climatisation • le chauffage • la casquette • le bonnet • le maillot de bain

automne/hiver *(Herbst/Winter)*	**printemps/été** *(Frühling/Sommer)*

220 ★★

Welche Anwort passt? Kreuzen Sie an.

a) Vous serez bientôt de retour à Paris ?

- ☐ A Oui, avant-hier.
- ☐ B À demain !
- ☐ C Lundi prochain.

b) Vous savez si elle est toujours malade ?

- ☐ A Je l'ai aperçue la veille.
- ☐ B Je ne l'ai pas vue depuis lundi.
- ☐ C C'est une amie de longue date.

c) Vous prenez toujours le bus pour vous déplacer ?

- ☐ A En semaine, oui.
- ☐ B Oui, à la semaine.
- ☐ C En 2002.

d) Vous pensez que nous nous verrons cette semaine ?

- ☐ A Samedi en huit.
- ☐ B Oui, dans quinze jours.
- ☐ C D'ici samedi, sûrement.

e) Quand fêtera-t-elle son trentième anniversaire ?

- ☐ A Il y a trois mois.
- ☐ B Au fil des ans.
- ☐ C Au mois d'avril.

f) Quand commencent les vacances scolaires ?

- ☐ A Du 15 au 30 octobre.
- ☐ B À la mi-juillet.
- ☐ C Tout le trimestre.

!

Auf Französisch übersetzt man die Zeitdauer *14 Tage* mit quinze jours (wörtlich: *fünfzehn Tage*). Es wird dabei die Hälfte eines Monats (30 Tage) gezählt!

221 ★★★

Diese Sätze sind durcheinandergeraten. Bringen Sie sie wieder in die richtige Reihenfolge.

a) Il | arrêté | jour | lendemain | au | du | a | fumer | de

______

b) il | de | tennis | sont | cours | Les | hebdomadaires | qu' | prend

______

c) en | rappelle | hier | comme | m' | si | était | Je | c'

______

d) aller | Vous | chercher | paquet | de | partir | à | pouvez | votre | heures | dix

______

e) permanence | emplois | Elle | petits | de | vit | saisonniers | en

______

f) Je | calendrier | mes | tous | rendez-vous | dans | note | mon | toujours

______

Weitere Zeitbegriffe

222 ★

Streichen Sie den Begriff durch, der keine **Zeit** angibt.

a) temps - moment - fin - lieu

b) passer - rouler - terminer - commencer

c) depuis - puis - sans - enfin

d) lourd - long - court - bref

e) immédiatement - récemment - auparavant - loin

f) aujourd'hui - devant - demain - hier

g) avant - après - pendant - derrière

h) ailleurs - soudain - tout de suite - prochain

i) arrêter de - finir de - venir de - parler de

j) présent - passé - conditionnel - futur

k) destin - durée - délai - date

223 ★

Welcher **Zeitbegriff** passt in die Lücke? Kreuzen Sie an.

a) Je n'ai pas le ________________ de venir vous voir.

☐ **A** moment ☐ **B** temps ☐ **C** début

b) Elle est en stage ________________ trois mois.

☐ **A** il y a ☐ **B** pour ☐ **C** après

c) Ne me raconte pas la ________________ du livre !

☐ **A** minute ☐ **B** seconde ☐ **C** fin

d) ____________, il est temps de rentrer.

☐ A Maintenant ☐ B Avant ☐ C Encore

e) Vite, le film va ____________ !

☐ A tarder ☐ B commencer ☐ C prolonger

f) Un ____________, s'il vous plaît.

☐ A temps ☐ B instant ☐ C début

g) La réunion est ____________, elle dure tout l'après-midi !

☐ A courte ☐ B longue ☐ C brève

Merken Sie sich die wichtigen Zeitadverbien, die Sie brauchen, um etwas zu erzählen. Versuchen Sie zum Beispiel, die Tätigkeiten eines Tages aufzulisten und sich dabei diese Wörter einzuprägen:

d'abord – *zuerst* **puis** – *dann* **ensuite** – *danach*
après – *später, dann* **enfin** – *schließlich*

224 ★ Verbinden Sie die Zeitadjektive mit den entsprechenden Zeitadverbien.

a) régulier	___	A finalement
b) récent	___	B prochainement
c) bref	___	C immédiatement
d) final	___	D actuellement
e) prochain	___	E régulièrement
f) immédiat	___	F brièvement
g) actuel	___	G récemment

225 ★★

Ordnen Sie die Begriffe der richtigen Tabellenspalte zu, je nachdem ob Sie auf die **Vergangenheit**, die **Gegenwart** oder die **Zukunft** hinweisen.

bientôt • maintenant • déjà • après • avant • tout de suite • prochain • jadis • avenir • suivant • auparavant • tout à l'heure • il y a

le passé *(Vergangenheit)*	**le présent** *(Gegenwart)*	**le futur** *(Zukunft)*

226 ★★

Wählen Sie den passenden Begriff.

a) Tu travailles **jusqu'à** / **il y a** / **pendant** quelle heure ?

b) C'est la première **journée** / **fois** / **durée** qu'elle fait un tel voyage.

c) Le train ne va pas **commencer** / **tarder** / **se remettre** à partir.

d) Zut, il **recommence** / **finit** / **termine** à pleuvoir !

e) **Quelquefois** / **Aussitôt** / **Soudain**, je préfère rester seule.

f) Nous partirons **pour** / **contre** / **dès** le lever du soleil.

g) Il a **commencé** / **cessé** / **continué** de pleuvoir, je vais pouvoir aller dehors.

h) **Entre-temps** / **Demain** / **De nouveau**, il est arrivé.

i) J'ai lu le livre **en l'espace** / **à partir** / **à l'origine** d'une soirée.

j) **Auparavant** / **Prochainement** / **Récemment**, il vivait en Italie.

227 ★★

Wie sagen Sie, dass ...

a) ... Sie gerade ein Buch lesen?

b) ... Sie Ihren Aufenthalt in Spanien verlängert haben?

c) ... Sie gerade Ihre Arbeit beendet haben?

228 ★★★

Finden Sie die 16 **Zeitbegriffe** in dem Buchstabengitter. Schreiben Sie sie auf. Zwei davon sind diagonal. Finden Sie sie?

P	R	A	E	N	S	U	I	T	E	I	P
W	P	O	N	P	L	W	A	A	L	I	Q
U	P	U	F	S	O	U	V	E	N	T	U
T	E	P	I	Z	E	A	S	U	I	B	E
O	N	D	N	S	N	E	O	Q	O	I	L
U	D	E	N	T	R	E	U	E	U	E	Q
J	A	M	A	I	S	M	D	B	N	N	U
O	N	E	A	R	R	O	A	P	O	T	E
U	T	P	A	R	F	O	I	S	V	Ô	F
R	M	A	I	N	T	E	N	A	N	T	O
S	Z	E	N	C	O	R	E	X	E	C	I
T	A	U	S	S	I	T	Ô	T	U	I	S

waagerecht:

senkrecht:

diagonal:

Zahlen und Mengen

229 ★

Ordnen Sie die **Zahlen** den richtigen Fotos zu.

onze • treize • quinze • seize • quatorze • douze

a) ______________

b) ______________

c) ______________

d) ______________

e) ______________

f) ______________

Die Zahlen 17 bis 19 werden nicht mehr mit nur einem Wort gebildet, sondern in Kombination mit 10 und einem Bindestrich:
dix-sept, dix-huit, dix-neuf *(siebzehn, achtzehn, neunzehn).*

230 ★

Finden Sie alle ausgeschriebenen **Zahlen** in der Buchstabenschlange und ordnen Sie sie den angegebenen Zahlen zu.

diecentimzérotvingtoumilledubrecinquanteetsoixantesutrentedeideuquarantetzer

a) 100 ______________

b) 0 ______________

c) 20 ______________

d) 1 000 ______________

e) 50 ______________

f) 60 ______________

g) 30 ______________

h) 40 ______________

Die Zahlen ab 70 sind etwas komplizierter und lassen sich durch Rechnungen erschließen. Am besten lernen Sie folgende Zahlen auswendig:

70 **soixante-dix** (60 + 10) | 71 **soixante et onze** (60 + 11)
80 **quatre-vingts** (4 x 20) | 81 **quatre-vingt-un** (4 x 20 + 1)
90 **quatre-vingt-dix** (4 x 20 + 10) | 91 **quatre-vingt-onze** (4 x 20 + 11)

231 ★★

Verbinden Sie die **Mengenbegriffe** mit der passenden Ergänzung.

a) le pourcentage ___ A jours
b) tout ___ B de problèmes
c) chaque ___ C d'œufs
d) quelques ___ D le monde
e) une douzaine ___ E matin
f) une centaine ___ F de gâteau
g) un morceau ___ G de personnes
h) beaucoup ___ H de graisse

232 ★★

Kreuzen Sie das fehlende Wort an.

a) Il faut juste une petite ______________ d'huile dans la sauce.

☐ A douzaine ☐ B moitié ☐ C quantité

b) ______________ des touristes arrivent en août.

☐ A Davantage ☐ B La plupart ☐ C De plus en plus

c) Dans cette centrale, on assiste à une ______________ d'incidents.

☐ A multitude ☐ B dangerosité ☐ C connaissance

Maße und Gewichte

233 ★

Maße oder Gewichte? Ordnen Sie die Begriffe in die richtige Tabellenspalte.

kilogramme • mètre • centimètre • millimètre • gramme • kilomètre • tonne • milligramme • livre

des mesures *(Maße)*	**des poids** *(Gewichte)*

❗ Verwechseln Sie nicht **le livre** ***(das Buch)*** und **la livre** ***(das Pfund)***!

234 ★★

Finden Sie die passenden Adjektive. Verbinden Sie.

a) la tour Eiffel ___ **A** profond
b) l'océan Atlantique ___ **B** lourd
c) une feuille ___ **C** haute
d) un boulet de canon ___ **D** étroit
e) un petit sentier ___ **E** légère
f) une table de salon ___ **F** long
g) un chemin de 5 kilomètres ___ **G** court
h) une avenue ___ **H** basse
i) un short ___ **I** large

235 ★★

Ergänzen Sie die Lücken mit dem entsprechenden Wort aus dem Bereich **Maße und Gewichte**. Mehrere Lösungen sind möglich.

pèse • mesures • longueur • largeur • hauteur • superficie • volume • profondeur

a) Notre terrain a une ____________ de 30 mètres.

b) La ____________ de la commode est de 55 cm et la ____________ de 1,10 m.

c) La piscine fait 3 mètres de ____________.

d) La citerne d'eau a un ____________ de 200 litres.

e) La ____________ de notre terrain est de 3 000 mètres carré.

f) Tu ____________ vraiment 1,80 m ?

g) Moi, je ne ____________ que 52 kilos.

236 ★★★

Die Sätze sind durcheinandergeraten. Bringen Sie die Wörter in die richtige Reihenfolge.

a) millimètres | Il | faut | câble | de | dix-huit | diamètre | me | un | de

____

b) transporte | un | camion | volume | cent | de | Le | cube | mètres

____

c) sommets | Les | de | certains | plus | région | hautes | mètres, | montagnes | une | quatre | sont | Alpes, | de | dont | atteignent | mille

____

____

Farben und Formen

237 ★

Welche **Farbe** haben diese Tiere in der Natur normalerweise? Tragen Sie sie in die Lücke ein.

blanc • rouge • jaune • bleu • vert • noir • marron • rose

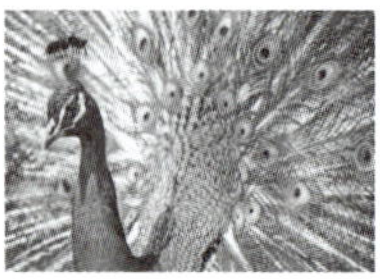

a) ______

b) ______

c) ______

d) ______

e) ______

f) ______

g) ______

h) ______

§

Manche Farbadjektive wie **orange** *(orange)* und **marron** *(braun)* sind unveränderlich: **des cravates orange et marron** *(orangefarbene und braune Krawatten)*.

238 ★★

Verbinden Sie die Gegenstände mit ihrer passenden Form.

a) un œuf	___	A carré
b) un terrain de foot	___	B ronde
c) une assiette	___	C triangulaire
d) le panneau « Attention »	___	D ovale
e) un toast	___	E rectangulaire

239 ★★

Ergänzen Sie die Lücken mit dem richtigen Farbadjektiv in der korrekten Form.

rouge • jaune • bleu • vert • gris • noir • blanc

a) Quand les tomates sont mûres, elles sont bien ______________.

b) Le ciel est tellement nuageux qu'il fait tout ______________ !

c) Comme il a beaucoup plu, notre jardin est bien ______________.

d) Elle s'est mariée en robe ______________.

e) Je n'aime pas du tout les citrons verts, je préfère les citrons ______________.

f) Aux Caraïbes, l'eau de la mer est bien ______________.

g) Allume la lumière, on ne voit rien, il fait ______________ !

240 ★★★

Diese Sätze sind durcheinandergeraten. Bringen Sie sie wieder in die richtige Reihenfolge.

a) Il | teint | noirs | le | a | les | foncé | cheveux | et

____

b) fumée | ma | ronds | des | cigarette | fais | avec | de | Je

____

c) quand | du | sors | ongles | incolore | J' | à | vernis | utilise | je

____

d) Je | souvent | vêtements | couleur | de | claire | porte | des

____

Grad und Vergleich

241 ★

Finden Sie elf Adverbien des **Vergleichs** in der Buchstabenschlange.

luassezertropdmimieuxgpirepplusjitrèsstmêmedtmoinsstrtellementopeuenviron

______, ______, ______, ______,

______, ______, ______, ______,

______, ______, ______

242 ★★

Kreuzen Sie die einzig korrekte Übersetzung an.

a) *ein ziemlich großes Haus*

- ☐ A une très grande maison
- ☐ B une maison trop grande
- ☐ C une assez grande maison

b) *zu viel Arbeit*

- ☐ A peu de travail
- ☐ B trop de travail
- ☐ C tellement de travail

c) *immer besser*

- ☐ A de pire en pire
- ☐ B de mieux en mieux
- ☐ C de moins en moins

d) *im Unterschied zu*

- ☐ A en comparaison avec
- ☐ B au contraire de
- ☐ C à la différence de

e) *im Durchschnitt*

- ☐ A en moyenne
- ☐ B en détail
- ☐ C en gros

f) *zwei gleiche Spielzeuge*

- ☐ A deux jouets différents
- ☐ B deux jouets qui se ressemblent
- ☐ C deux jouets identiques

Modalausdrücke

243 ★

Finden Sie die **Modalverben** und füllen Sie die Lücken aus.

a) avoir l'intention de : *v* _ _ _ _ _ *r*

b) être capable de : *p* _ _ *v* _ _ _

c) être obligé de : *d* _ _ _ _ *r*

d) avoir besoin de, être obligé de : *f* _ _ *l* _ _ _

Prägen Sie sich den unpersönlichen Ausdruck **il faut** *(man braucht/muss)* von **falloir** gut ein, er wird sehr häufig verwendet.

Il faut un ticket pour le bus. – *Für den Bus braucht man einen Fahrschein.*
Il faut partir. – *Wir müssen los.*

244 ★★

Wie sagen Sie, dass Sie ...

a) ... sich definitiv entschieden haben?

b) ... nicht mehr laufen können?

c) ... (nur) vorübergehend ein Auto haben?

d) ... vielleicht kommen werden?

e) ... mit dem Taxi zurückfahren müssen?

Ursache und Wirkung

245 ★

Kreuzen Sie an, ob die Wörter sich auf eine **Ursache** oder auf eine **Wirkung** beziehen.

	Ursache	Wirkung
parce que		
donc		
alors		
la raison pour laquelle		
car		
puisque		
par conséquent		
en effet		

246 ★★

Ergänzen Sie die Lücken mit dem korrekten Begriff.

mobile • suite • résulter • entraîné • effet • abouti

a) Ton mauvais comportement ne restera pas sans ____________.

b) L'avalanche a ____________ de gros dégâts.

c) Le médicament a fait ____________ tout de suite.

d) Ils n'ont pas encore trouvé le ____________ du crime.

e) Ces chiffres doivent ____________ d'une enquête faite en France.

f) Jusqu'à présent mes démarches n'ont ____________ à rien.

Ziel und Zweck

247 ★★

Verbinden Sie die Satzteile, die zusammengehören.

a) Je prends le bus ___ **A** afin de réussir ses examens.

b) Je te donne de l'argent ___ **B** afin que je sois informé(e).

c) Elle révise tous les jours ___ **C** pour aller au bureau.

d) Il m'a téléphoné ___ **D** pour que tu t'achètes des bonbons.

e) J'ai choisi cela pour ___ **E** de gagner le match de football.

f) Ils ont pour but ___ **F** vous faire plaisir.

248 ★★★

Übersetzen Sie die Sätze ins Deutsche.

a) *Ich sage das, um dich zu ermutigen.*

____

b) *Das Ziel meiner Suche ist es, eine praktische Lösung zu finden.*

____

c) *Dieses Gerät dient dazu, Brot zu schneiden.*

____

d) *Du musst durchhalten, um dein Ziel zu erreichen.*

____

!

Um... zu wird mit **pour** + Infinitiv und *damit* mit **pour que...** übersetzt:

Je viens pour vous aider. – *Ich komme, um euch zu helfen.*
Donne-moi ton tee-shirt pour que je le lave. – *Gib mir dein T-Shirt, damit ich es wasche.*

Zustand und Veränderung

249 ★

Finden Sie acht Verben zu den Themen **Zustand und Veränderung** in der Buchstabenschlange.

sêtreieavoiretcresterlurexistertzchangerpodevenirleruaméliorerlseraggraverirtse

__________, __________, __________, __________,

__________, __________, s' __________, s' __________

250 ★★

Ergänzen Sie die Lücken mit dem passenden Wort bzw. Ausdruck.

immobile • il y a • existent • situation • améliorée • aggravé • changé • inchangé • restés

a) La __________ est difficile pour nous en ce moment.

b) Le chat reste __________ au soleil.

c) Les dinosaures n'__________ plus depuis longtemps.

d) Dans notre maison, __________ deux étages et une cave.

e) Le chiffre du chômage s'est __________ par rapport à l'année dernière.

f) Notre situation financière s'est beaucoup __________ depuis que j'ai retrouvé du travail.

g) Non, rien de nouveau, tout est __________.

h) Tu verrais, Christine a complètement __________, tu ne la reconnaîtrais sûrement pas !

i) Malgré la distance, nous sommes toujours __________ amis.

1

Lösungen

2

Wortverzeichnis

Lösungen

DIE EIGENE PERSON

Vorstellung

1.

a) B; **b)** E; **c)** D; **d)** F; **e)** A; **f)** C

2.

a) C; **b)** B; **c)** A; **d)** C

3.

a) femme; **b)** enfant

4.

a) Lafraîchine; **b)** Christelle; **c)** Versailles; **d)** belge; **e)** 28 ans; **f)** divorcée

5.

b) veuve; **c)** divorcés; **d)** mariés; **e)** célibataire

6.

a) C; **b)** A; **c)** B; **d)** E; **e)** F; **f)** D

7.

a) Monsieur Rousseau est un home très intéressant.; **b)** Ils font partie d'un groupe de jeunes.; **c)** On est majeur à l'âge de dix-huit ans.; **d)** Ils se sont connus pendant une formation pour adultes.

8.

a) Hier, j'ai fait la connaissance d'Éric.; **b)** Je me présente : je suis Isabelle.; **c)** Il salue ses invités.; **d)** Pouvez-vous épeler votre nom ? Est-ce que vous pouvez épeler votre nom ?

Aussehen

9.

a) D; **b)** A; **c)** E; **d)** F; **e)** C; **f)** B

10.

a) courts; **b)** blonde, brun; **c)** petite; **d)** jolie; **e)** chic; **f)** vieil; **g)** roux, bouclés; **h)** rousse, clairs; **i)** corpulent, fort

11.

a) A; **b)** C; **c)** C; **d)** B

12.

a) cheveux; **b)** yeux; **c)** bronzée; **d)** poids; **e)** barbe; **f)** air; **g)** gros

13.

a) Dans cette famille, ils sont tous gros.; **b)** Elle n'aime pas son apparence physique.; **c)** Patricia se trouve laide.; **d)** Les adolescents ont souvent des boutons.

Charakter

14.

a) sympathique; **b)** aimable; **c)** intelligent; **d)** gentil; **e)** gai; **f)** drôle; **g)** sérieux

15.

a) timide; **b)** énergique; **c)** charmant; **d)** optimiste; **e)** calmes; **f)** qualités; **g)** humeur

16.

a) C'est une femme vraiment stupide/bête.; **b)** Christelle est une personne bizarre.; **c)** Il est toujours agressif.; **d)** Vanessa, tu es méchante ! / vache !

17.

R	Ê	S	Y	M	P	A	T	H	I	Q	U	E	G
B	R	A	S	T	U	P	I	D	E	M	É	A	E
Ê	I	F	É	D	X	A	M	D	U	É	N	I	N
T	Z	M	T	R	T	S	I	L	L	C	E	M	T
E	A	V	Q	Ô	R	A	D	H	C	H	G	A	I
I	R	C	A	L	M	E	E	C	H	A	I	B	L
L	R	A	S	É	R	I	E	U	X	N	Q	L	R
S	É	V	È	R	E	I	D	I	O	T	U	E	S
E	A	U	I	N	T	E	L	L	I	G	E	N	T
C	H	A	R	M	A	N	T	S	Z	L	D	Y	S
S	I	D	I	F	F	I	C	I	L	E	F	B	P
S	Ô	J	B	W	O	P	T	I	M	I	S	T	E

waagerecht: sympathique, stupide, gai, calme, sérieux, sévère, idiot, intelligent, charmant, difficile, optimiste

senkrecht: bête, timide, méchant, aimable, gentil

ZU HAUSE

Häuser und Wohnungen

18.

a) maison; **b)** appartement; **c)** immeuble; **d)** studio

19.

a) escalier; **b)** couloir; **c)** porte d'entrée; **d)** cheminée; **e)** fenêtre; **f)** chauffage; **g)** garage; **h)** balcon

20.

a) D; **b)** A; **c)** B; **d)** F; **e)** C; **f)** E

21.

a) plan; **b)** rez-de-chaussée; **c)** sonné; **d)** l'ascenseur; **e)** palier; **f)** l'extérieur; **g)** pièces; **h)** sol

22.

a) Ils font construire une maison.; **b)** Les murs sont peints en blanc.; **c)** Nous avons acheté un grand terrain.

Wohn- und Arbeitsbereich

23.

a) B; **b)** B; **c)** A; **d)** B

24.

a) bibliothèque; **b)** entrée; **c)** fauteuil; **d)** parquet

25.

a) moquette; **b)** décorer; **c)** meubles; **d)** salon; **e)** papier peint

26.

a) A; **b)** B; **c)** A; **d)** C; **e)** C; **f)** A

27.

a) Il me faut le bâton de colle./J'ai besoin du bâton de colle.; **b)** Je ne (re)trouve plus ma règle.; **c)** Les livres sont classés par ordre alphabétique.; **d)** Je suis dans le bureau./Je suis au bureau.; **e)** Les ciseaux se trouvent dans le tiroir.

Schlaf- und Kinderzimmer

28.

a) E; **b)** A; **c)** B; **d)** G; **e)** C; **f)** D; **g)** F; **h)** I; **i)** H

29.

a) chambre; **b)** matelas; **c)** lampe; **d)** oreiller; **e)** draps; **f)** tableau; **g)** armoire

30.

a) se coucher tôt; **b)** Fais de beaux rêves !; **c)** entendre le réveil; **d)** couvrir les enfants; **e)** avoir besoin de beaucoup de sommeil; **f)** changer l'ampoule

In der Küche

31.

F	O	U	R	B	O	U	I	L	L	O	I	R	E
L	A	V	E	-	V	A	I	S	S	E	L	L	E
I	P	C	A	F	E	T	I	È	R	E	X	N	Z
Y	R	É	F	R	I	G	É	R	A	T	E	U	R
A	É	-	M	I	C	R	O	-	O	N	D	E	S
È	A	G	Z	G	I	U	M	B	É	E	R	T	-
U	T	B	C	O	N	G	É	L	A	T	E	U	R

le four, la bouilloire, le lave-vaisselle, la cafetière, le réfrigérateur, le micro-ondes, le congélateur, le frigo

32.

a) C; **b)** A; **c)** B; **d)** F; **e)** D; **f)** E

33.

a) batteur; **b)** poêle; **c)** plaque; **d)** cocotte-minute®; **e)** récipient; **f)** poubelles

34.

a) Il ne veut jamais ranger sa chambre.; **b)** Nous nettoyons le carrelage avec une brosse.; **c)** Elle essuie la poussière avec un chiffon propre.; **d)** Je déteste les travaux ménagers.; **e)** Elle met son balai dans le placard.

35.

a) B; **b)** A; **c)** F; **d)** C; **e)** D; **f)** E

Im Bad

36.

a) A; **b)** B; **c)** A; **d)** A

37.

a) salle de bains; **b)** baignoire; **c)** WC/ toilettes; **d)** miroir; **e)** douche; **f)** serviette (de toilette); **g)** brosse à dents; **h)** peigne

38.

a) bain; **b)** robinet; **c)** crème; **d)** raser; **e)** essuie; **f)** coiffure

Keller und Außenbereich

39.

a) B; **b)** B; **c)** A; **d)** B

40.

a) outils, sous-sol, utilise, réparer; **b)** clou; **c)** scie; **d)** cave, entreposer; **e)** tournevis

41.

a) balcon; **b)** cour; **c)** pelouse; **d)** L'arrosoir; **e)** ramasser; **f)** dans le hangar

42.

a) planter des fleurs; **b)** utiliser de l'engrais; **c)** tondre la pelouse/le gazon; **d)** cueillir des fruits; **e)** arroser le jardin; **f)** couper du bois; **g)** tailler la haie; **h)** réparer la clôture; **i)** jardiner

ESSEN UND TRINKEN

Kochen, backen, zubereiten

43.

a) baguettes; **b)** fromage; **c)** beurre; **d)** œufs

44.

a) sucre; **b)** jambon; **c)** viande, poisson; **d)** légume; **e)** pain; **f)** sel

45.

a) goûter; **b)** pâtes; **c)** miel; **d)** bœuf; **e)** poivre; **f)** herbes; **g)** tarte; **h)** recette

46.

a) D; **b)** C; **c)** B; **d)** A; **e)** F; **f)** E

Mahlzeiten

47.

a) petit-déjeuner; **b)** déjeuner; **c)** goûter; **d)** dîner

48.

a) la confiture, le croissant, le miel, la tartine; **b)** la tablette de chocolat, la sucette, la glace, le bonbon

49.

a), **b)**, **e)**, **c)**, **d)**, **g)**, **f)**

50.

a) C; **b)** B; **c)** A; **d)** B

Obst und Gemüse

51.

a) tomates; **b)** carottes; **c)** salade; **d)** pommes de terre

52.

a) le chou, le haricot, le concombre; **b)** la poire, la prune

53.

a) G; **b)** A; **c)** F; **d)** C; **e)** D; **f)** E; **g)** B

54.

a) Je n'aime pas les légumes.; **b)** Je fais une salade de fruits.; **c)** Je fais un gâteau aux pommes/une tarte aux pommes.; **d)** J'adore les pommes de terre sautées.

Getränke

55.

a) eau minérale; **b)** vin rouge; **c)** lait; **d)** champagne

56.

a) B; **b)** A; **c)** A; **d)** A

57.

E	A	U	X	T	A	I
J	I	E	R	E	T	O
C	N	B	I	È	R	E
L	M	K	C	A	F	É
A	P	L	S	J	U	S
I	T	P	V	Y	S	D
T	H	C	I	D	R	E
F	É	N	N	U	I	T

a) eau; **b)** cidre; **c)** bière; **d)** lait; **e)** café; **f)** thé; **g)** jus; **h)** vin

58.

a) tisane/infusion; **b)** limonade; **c)** vin blanc; **d)** champagne; **e)** cidre; **f)** lait

FAMILIE, FREUNDE UND FREIZEIT

Familie

59.

a) mère; **b)** sœur; **c)** frère; **d)** père; **e)** parents

60.

a) grand-mère; **b)** neveu; **c)** oncle; **d)** fille; **e)** belle-sœur; **f)** gendre

61.

a) H; **b)** D; **c)** E; **d)** A; **e)** C; **f)** F; **g)** B; **h)** G

62.

a) anniversaire; **b)** Pâques; **c)** Noël; **d)** cadeau

63.

a) F; **b)** F; **c)** F; **d)** V; **e)** F

64.

a) célibataire; **b)** couple, mariés, concubinage; **c)** conjoints; **d)** noces; **e)** divorcer, pension alimentaire; **f)** droit de garde

65.

e), **d)**, **b)**, **f)**, **a)**, **c)**

66.

a) vous félicite (pour cette soirée très réussie) !; **b)** Je vous présente mes vœux.; **c)** Je vous souhaite bonne chance !; **d)** À votre santé !; **e)** Je porte un toast à Christophe !

Freunde und Sozialverhalten

67.

question, parole, dialogue, conversation, discussion, réponse

68.

a) ami; **b)** camarades; **c)** bise; **d)** recevons; **e)** service; **f)** accompagnes; **g)** Dis; **h)** raconte; **i)** répondu; **j)** prévenir

69.

Bedauern: c), d), f)

Ärger: a), b), e), g)

70.

a) C; **b)** D; **c)** B; **d)** G; **e)** H; **f)** E; **g)** F; **h)** I; **i)** A

71.

a) refusé; **b)** sont contre; **c)** recommandé; **d)** déconseillé; **e)** propose; **f)** Acceptez

72.

a) heureux; **b)** surprise; **c)** mécontent; **d)** satisfait

73.

a) B; **b)** A; **c)** B; **d)** C

74.

A	É	V	I	D	E	M	M	E	N	T	X	C
S	S	Û	R	E	M	E	N	T	O	U	I	E
E	M	I	X	S	E	L	A	B	C	D	F	R
U	A	V	O	L	O	N	T	I	E	R	S	T
L	U	B	I	E	N	T	I	B	O	F	X	A
E	G	X	I	C	R	É	E	G	M	S	U	I
M	A	A	B	S	O	L	U	M	E	N	T	N
E	I	O	C	H	O	U	E	T	T	E	S	E
N	S	E	N	O	N	C	R	I	È	M	E	M
T	E	É	I	R	S	U	P	E	R	A	E	E
Z	E	I	S	T	E	R	R	I	B	L	E	N
N	A	T	U	R	E	L	L	E	M	E	N	T

waagerecht: évidemment, sûrement, oui, volontiers, bien, bof, absolument, chouette, non, super, terrible, naturellement
senkrecht: seulement, certainement

75.

a) D; **b)** A; **c)** B; **d)** C; **e)** G; **f)** E; **g)** F

76.

a) touche; **b)** rire; **c)** me sens; **d)** surprenez; **e)** fais confiance; **f)** m'inquiète; **g)** crains; **h)** hésité, me suis décidé(e)

Hobby, Spiel, Sport und Musik

77.

a) B; **b)** A; **c)** B

78.

a) jouer; **b)** gagner; **c)** perdre; **d)** partie; **e)** boules; **f)** cartes; **g)** échecs; **h)** jeu; **i)** tour; **j)** dominos

79.

a) le football, le volley, le tennis, le handball, le ping-pong, le golf, le rugby
b) la natation, le ski, la course, le vélo, l'alpinisme, le judo, le cheval

80.

a) match; **b)** adversaires; **c)** coupe; **d)** équipe; **e)** régate

81.

a) G; **b)** A; **c)** H; **d)** B; **e)** E; **f)** C; **g)** D; **h)** F

82.

a) instrument, musique; **b)** concert; **c)** groupe; **d)** danseuse, danser; **e)** orchestre; **f)** guitare

83.

a) auditeur; **b)** discothèque; **c)** instruments/notes; **d)** billet; **e)** chanson

83.

a) Tu viens faire du jogging/footing avec moi ?; **b)** Tu sais jouer au golf ?; **c)** Tu joues d'un instrument ?; **d)** Tu fais une partie de ping-pong avec moi ?; **e)** Tu relèves le défi ?

85.

a) Le quatorze juillet, il y a des feux d'artifice car c'est la Fête nationale.; **b)** On vient d'ouvrir une nouvelle boîte près d'ici.; **c)** Ils ont acheté deux billets pour le concert de dimanche soir.; **d)** La patineuse a décroché la médaille d'or aux jeux olympiques.

86.

a) compétition; **b)** gagnants; **c)** victoire; **d)** bricolage; **e)** colonie; **f)** promenades

GESUNDHEIT UND WOHLBEFINDEN

Der Körper

87.

dos, cheveux, visage, peau, corps, squelette, tête

88.

a) la main; **b)** l'œil; **c)** les pieds; **d)** la bouche

89.

a) B; **b)** A; **c)** C; **d)** E; **e)** D

90.

a) tête; **b)** ventre; **c)** visage; **d)** oreilles; **e)** yeux; **f)** cœur; **g)** cerveau; **h)** cou; **i)** fesses

91.

a) la langue; **b)** la paupière; **c)** le front; **d)** le menton; **e)** les lèvres; **f)** le sourcil; **g)** la gorge

92.

a) doigt; **b)** chevilles; **c)** poing; **d)** orteils; **e)** poils; **f)** aux reins; **g)** poumons

93.

a) C *(einen Frosch im Hals haben)*; **b)** C *(lispeln)*; **c)** C *(zublinzeln)*; **d)** B *(sich Auge in Auge wiederfinden)*

94.

a) J'ai froid aux doigts.; **b)** J'ai la peau blanche/claire.; **c)** J'ai une taille fine.; **d)** J'ai les nerfs à vif.; **e)** J'ai les cheveux blonds./Je suis blond(e).

Gesundheit

95.

a) être en forme, aller bien, être en bonne santé, avoir bonne mine, avoir toutes ses forces

b) aller mal, être fatigué, être faible, être stressé, avoir le moral au plus bas

96.

a) L'alcool est dangereux pour la santé.; **b)** Le tabac est nocif pour les fumeurs et les fumeurs passifs.; **c)** Défense de fumer dans les toilettes.

97.

a) forme; **b)** stress; **c)** état; **d)** exercice; **e)** mine; **f)** saine; **g)** moral

98.

a) C; **b)** E; **c)** B; **d)** D; **e)** A; **f)** F

99.

a) boit; **b)** alcool; **c)** tabac; **d)** fume, cigarettes; **e)** drogues; **f)** fumeur

Krankheit und Verletzung

100.

a) tousse; **b)** éternue; **c)** a de la fièvre; **d)** a mal au ventre

101.

a) B; **b)** B; **c)** B; **d)** A

102.

a) C; **b)** A; **c)** E; **d)** B; **e)** F; **f)** D

103.

a) malade; **b)** incurable; **c)** chaud; **d)** froid; **e)** allergique; **f)** alarmant; **g)** contagieux

104.

a) accident; **b)** ambulance; **c)** sang; **d)** blessure; **e)** brûlé; **f)** Les pompiers; **g)** blessés

105.

A	B	L	E	S	S	U	R	E	T	E
B	R	Û	L	U	R	E	I	M	U	N
L	D	É	S	A	N	G	T	A	O	T
E	U	P	L	A	I	E	E	L	P	O
U	R	G	E	N	C	E	S	A	K	R
H	É	M	O	R	R	A	G	I	E	S
H	É	M	A	T	O	M	E	S	X	E
L	A	C	O	U	P	U	R	E	Y	É

waagerecht: blessure, brûlure, sang, plaie, urgences, hémorragie, hématome, coupure

senkrecht: bleu, malaise, entorse

Beim Arzt und im Krankenhaus

106.

a) médecin; **b)** rendez-vous; **c)** médicaments; **d)** patients

107.

a) E; **b)** A; **c)** B; **d)** C; **e)** D

Lösungen

108.

a) consulte; **b)** salle d'attente; **c)** vacciner, piqûres; **d)** comprimés; **e)** examens; **f)** opéré; **g)** accoucher; **h)** clinique; **i)** infirmière

109.

a)		P	R	E	S	C	R	I	R	E	
b)					O	P	É	R	E	R	
c)		H	Ô	P	I	T	A	L			
d)					G	U	É	R	I	R	
e)		S	C	A	N	N	E	R			
f)	P	A	N	S	E	M	E	N	T		
g)			P	E	R	F	U	S	I	O	N

110.

a) Faux; **b)** Faux; **c)** Vrai; **d)** Vrai; **e)** Faux; **f)** Vrai

LERNEN UND ARBEITEN

Im Klassenzimmer und im Hörsaal

111.

a) crèche; **b)** école maternelle; **c)** école primaire; **d)** collège; **e)** lycée

112.

École primaire: cours préparatoire, cours élémentaire, cours moyen
Collège: troisième, sixième, cinquième, quatrième
Lycée: première, terminale, seconde

113.

expliquer, répéter, apprendre, réfléchir, perfectionner, saisir, concentrer

114.

a) lignes/mots; **b)** carnet/bloc-note; **c)** livres; **d)** tableau

115.

a) B; **b)** A; **c)** A; **d)** B

116.

a) décrit; **b)** comprends, expliquer; **c)** oublié; **d)** arrive; **e)** poser; **f)** aide; **g)** approfondir; **h)** répéter; **i)** réfléchissez; **j)** compter

117.

a) C; **b)** H; **c)** I; **d)** B; **e)** D; **f)** J; **g)** K; **h)** F; **i)** E; **j)** G; **k)** A

118.

a) vacances; **b)** enseignement; **c)** passeras; **d)** directeur; **e)** éducation; **f)** internat; **g)** rentrée; **h)** cours; **i)** exercice; **j)** lire

119.

a) instituteur; **b)** emploi du temps; **c)** surveillant; **d)** permanence; **e)** alphabet; **f)** cantine

120.

Français: a), b), e), g)
Maths: a), c), d), f)

121.

a) Mardi prochain, nous ferons un contrôle de sciences naturelles.; **b)** Vincent a peur de rater son examen d'anglais.; **c)** Ses résultats sont en dessous de la moyenne.; **d)** Il doit malheureusement redoubler la classe de cinquième.

122.

A	N	G	L	A	I	S	E	S	D	A	L	U	Z
J	S	É	A	W	L	A	T	I	N	V	Y	H	Q
L	G	O	E	T	J	F	R	A	N	Ç	A	I	S
É	P	G	H	P	H	Y	S	I	Q	U	E	M	I
O	F	R	U	C	H	I	M	I	E	Ç	N	I	M
R	M	A	T	H	É	M	A	T	I	Q	U	E	S
C	H	P	G	Y	M	N	A	S	T	I	Q	U	E
P	K	H	I	S	T	O	I	R	E	G	R	E	C
X	B	I	O	L	O	G	I	E	S	I	A	U	I
M	É	E	A	L	O	G	I	S	R	A	B	Ç	U

waagerecht: anglais, français, latin, physique, chimie, mathématiques, gymnastique, histoire, grec, biologie
senkrecht: géographie

123.
a) assister à un cours; **b)** s'inscrire à l'université/à la faculté/à la fac;
c) arrêter ses études; **d)** faire des études de médecine; **e)** aller à la fac(ulté) de droit

In der Ausbildung und im Job

124.
a) C; **b)** B; **c)** B
125.
a) D; **b)** C; **c)** A; **d)** E; **e)** F; **f)** B
126.
a) C; **b)** B; **c)** B; **d)** A; **e)** C; **f)** B
127.
a) formation; **b)** apprentissage;
c) spécialisée; **d)** atelier; **e)** métier;
f) devenir; **g)** projet; **h)** spécialité
128.
a) travaille; **b)** gagne; **c)** travailles; **d)** gagnons; **e)** payées; **f)** travaillé; **g)** payés
129.
a) bureau; **b)** congé; **c)** salaire; **d)** impôts;
e) fériés; **f)** employé; **g)** augmentation
130.
a) B, C; **b)** A, B; **c)** A, C; **d)** A, C
131.
a) B; **b)** C; **c)** D; **d)** E; **e)** F; **f)** A; **g)** K; **h)** G;
i) H; **j)** I; **k)** J
132.
a) le comité d'entreprise; **b)** les syndicats;
c) le chômage; **d)** la grève
133.
a) Les syndicats sont nécessaires pour défendre nos intérêts.; **b)** Les employés ont repris le travail ce matin.; **c)** Elle a recommencé à travailler il y a deux ans.; **d)** Il n'a aucune chance sur le marché du travail.;
e) Mon entreprise va licencier deux cents personnes cette année.; **f)** Il faut absolument créer des emplois pour les jeunes.
134.
a) emploi; **b)** licenciement; **c)** renvoyer;
d) compétent; **e)** dossier; **f)** organiser
135.
a) J'ai étudié/J'ai fait des études aux États-Unis.; **b)** Je travaille dans l'administration.;
c) J'exerce une profession libérale.; **d)** Je travaille à temps partiel.; **e)** Je paye/Je paie trop d'impôts.; **f)** J'ai l'esprit d'équipe.;
g) Mes conditions de travail sont dures.

UNTERWEGS

In der Stadt

136.
a) poissonnerie; **b)** boucherie; **c)** pâtisserie;
d) parfumerie; **e)** pharmacie; **f)** marchand de journaux; **g)** librairie
137.
supermarché, épicerie, hypermarché, magasin, boutique
138.
a) A; **b)** B; **c)** B; **d)** C
139.
a) chaussures; **b)** pull; **c)** pantalon; **d)** robe;
e) manteau; **f)** minijupe
140.
a) lunettes de soleil; **b)** parapluie; **c)** cravate;
d) écharpe
141.
a) B; **b)** C; **c)** D; **d)** G; **e)** E; **f)** A; **g)** F
142.
a) sac; **b)** bijoux; **c)** tissu; **d)** qualité; **e)** cher;
f) nettoyer; **g)** laine; **h)** foulard
143.
a) restaurant; **b)** self-service; **c)** bar; **d)** salon de thé; **e)** carte; **f)** menu

144.

a) Faux; **b)** Faux; **c)** Faux; **d)** Vrai; **e)** Faux; **f)** Faux; **g)** Vrai; **h)** Vrai

145.

assiette, verre, tasse, couteau, cuillère, serviette, fourchette

146.

a) Tu as visité l'exposition temporaire du musée du Louvre ?; **b)** Ce tableau est un original de Monet.; **c)** Le film avec Depardieu passe au cinéma depuis jeudi; **d)** Ce spectacle de clowns attire beaucoup de spectateurs.

147.

a) administratif; **b)** publique; **c)** municipale; **d)** civil; **e)** communal

148.

a) montrer ses papiers; **b)** aller au commissariat (de police); **c)** travailler à la mairie; **d)** faire des démarches; **e)** une réunion publique; **f)** faire une demande; **g)** remplir un formulaire; **h)** déclarer un vol

Im Verkehr

149.

a) B; **b)** C; **c)** B; **d)** B

150.

a) C; **b)** F; **c)** B; **d)** E; **e)** D; **f)** G; **g)** I; **h)** A; **i)** H; **j)** K; **k)** J

151.

a) rue; **b)** route; **c)** virages; **d)** arrêt; **e)** autoroute; **f)** tunnel; **g)** bouchons, périphérique; **h)** essence; **i)** rouler

152.

a) voiture; **b)** camions; **c)** locomotives; **d)** vélo; **e)** ferry; **f)** métro

153.

a) B; **b)** C; **c)** C; **d)** A

154.

a) conducteur; **b)** gare; **c)** billet; **d)** station; **e)** supplément; **f)** horaires; **g)** réservation; **h)** quai

155.

la voiture: a), d), g), h)
le train: b), c), i)
l'avion: e), f)

156.

a) Il faut absolument visiter le port du Havre.; **b)** Le capitaine nous a invités à bord du bateau./Le capitaine du bateau nous a invités à bord.; **c)** Son avion ne peut pas décoller à cause du mauvais temps.; **d)** Le vol a été annulé à cause de la grève.; **e)** J'emporte deux valises et un sac/un sac et deux valises en voyage.

157.

							i)								
			h)			**a)**	R	O	U	L	E	R			
			M				E				**k)**				
			O				N				T				
	g)		N				T				R				
b)	A	T	T	E	N	D	R	E			A				
	L		E				E		**j)**	**c)**	V	E	N	I	R
	L		R				R		P		E		**l)**		
	E							**d)**	A	R	R	I	V	E	R
e)	R	E	T	O	U	R	N	E	R		S		O		
									T		E		L		
									I		R		E		
		f)	C	O	N	D	U	I	R	E			R		

Auf Reisen

158.
a) C; **b)** B; **c)** D; **d)** F; **e)** E; **f)** G; **g)** A; **h)** H; **i)** J; **j)** I

159.
a) A; **b)** B; **c)** A; **d)** B; **e)** A; **f)** C; **g)** B

160.
a) français; **b)** anglaise; **c)** espagnols; **d)** italienne; **e)** portugaises; **f)** néerlandais

161.
a) touristes; **b)** plan; **c)** pique-nique; **d)** excursion; **e)** informations

162.
a) passeport; **b)** hôtesse de l'air; **c)** sacs à dos; **d)** tente; **e)** valise; **f)** carte

163.
a) confortable; **b)** calme; **c)** panoramique; **d)** compris; **e)** complète; **f)** commune; **g)** chaleureux; **h)** élevée

164.
a) direction; **b)** milieu; **c)** route; **d)** chemin

165.
a) C; **b)** B; **c)** A; **d)** B

166.
a) indiquer, se trouve; **b)** aller, passer; **c)** traverser; **d)** ai tourné; **e)** prenez; **f)** revenir

167.
a) La cathédrale se trouve à gauche/sur ma gauche.; **b)** Pour aller à la mairie, il faut aller toujours tout droit./Il faut aller toujours tout droit pour aller à la mairie.; **c)** La poste est tout près et on peut y aller à pied.;
d) Le musée est/se trouve à environ cent mètres (d'ici/de là).

In der Natur

168.
a) la montagne; **b)** la mer; **c)** la forêt; **d)** la rivière; **e)** le champ; **f)** la campagne

169.
a) E; **b)** A; **c)** B; **d)** D; **e)** C

170.
la flore: la rose, l'érable, la tulipe, le pin, le marronnier, l'œillet, le platane, le chêne
la faune: le chien, la souris, le poisson, le chat, la vache, le cheval, le tigre, le lion

171.
a) fleurs; **b)** bouquet; **c)** arbres; **d)** poussent; **e)** perroquet; **f)** coq; **g)** singes

172.
beau temps: a), e), g)
mauvais temps: b), c), d), f)

173.
a) Il fait encore froid pour la saison.; **b)** La météo a annoncé de gros nuages pour ce soir.; **c)** Il y avait beaucoup de brouillard sur l'autoroute.; **d)** En montagne, il faut faire attention aux avalanches.

174.
a) dangereux; **b)** bruit, pollution; **c)** environnement; **d)** catastrophes; **e)** écologistes

175.

C	T	E	M	P	S	C	I	P	U	L	V
Y	T	B	R	U	M	E	I	L	I	O	E
C	R	E	E	P	L	U	I	E	I	U	R
L	V	H	M	W	X	E	L	C	L	R	G
O	E	G	R	P	L	O	E	L	O	A	L
N	N	U	A	O	Ê	R	G	I	R	G	A
E	T	N	S	I	V	T	R	M	A	A	S
Q	L	N	E	I	G	E	E	A	G	N	O
N	P	E	G	R	Ê	L	E	T	E	E	I

waagerecht: temps, brume, pluie, neige, grêle
senkrecht: cyclone, vent, climat, orage, ouragan, verglas
diagonal: tempête, ciel, givre, soleil

IN DER GESELLSCHAFT LEBEN

Politik und Staat

176.

a) B; **b)** C; **c)** D; **d)** A; **e)** F; **f)** E

177.

a) C; **b)** A; **c)** B; **d)** C; **e)** A

178.

a) nation; **b)** régime; **c)** citoyens; **d)** l'État; **e)** politique; **f)** assemblée; **g)** majorité; **h)** gouvernement

179.

a) Sécurité sociale; **b)** revenu de solidarité; **c)** retraite; **d)** contributions; **e)** impôts; **f)** salaire minimum

180.

a) Mes voisins sont étrangers, ils viennent du Maroc.; **b)** Les immigrés ont souvent des difficultés à trouver du travail.; **c)** Je suis d'origine africaine mais j'ai la nationalité française.; **d)** Il y avait des militaires en permission dans le train.; **e)** Son père est commandant dans l'armée anglaise.; **f)** Dans les camps militaires, on apprend à lutter contre l'ennemi.

181.

a) le système politique; **b)** l'homme politique; **c)** les droits de l'homme; **d)** la Fête nationale; **e)** l'Assemblée nationale; **f)** la majorité absolue; **g)** le ministre des Affaires étrangères; **h)** la double nationalité; **i)** le service militaire

Die Gesellschaft

182.

jeunes, gens, classe, population, société, milieu, ménages

183.

a) B; **b)** C; **c)** B; **d)** C; **e)** A; **f)** B; **g)** C; **h)** A

184.

a) F; **b)** A; **c)** H; **d)** C; **e)** E; **f)** D; **g)** G; **h)** B

185.

les bons: le flic, le policier, la sécurité, protéger, le commissaire, légal
les méchants: voler, le criminel, le voleur, la violence, tuer, illégal

186.

a) groupe; **b)** organisons; **c)** fondé/créé; **d)** manifestation; **e)** soutiens; **f)** ensemble; **g)** aider; **h)** club

187.

Q	S	O	L	I	T	U	D	E	O	L	T	I	P
A	B	Z	U	I	M	É	N	A	G	E	S	B	O
R	O	S	S	O	C	I	É	T	É	E	I	O	P
I	U	O	W	J	Z	U	M	M	D	A	B	U	U
C	R	C	M	I	S	È	R	E	C	I	C	R	L
H	A	I	W	Z	C	X	D	V	I	S	L	G	A
E	E	A	F	O	R	T	U	N	E	É	A	E	T
A	I	L	P	A	U	V	R	E	T	I	S	O	I
O	P	X	Y	S	M	I	L	I	E	U	S	I	O
S	P	O	P	U	L	A	I	R	E	D	E	S	N

waagerecht: solitude, ménages, société, misère, fortune, pauvre, milieu, populaire
senkrecht: riche, social, aisé, classe, bourgeois, population

Wirtschaft und Finanzen

188.

a) C; **b)** A; **c)** E; **d)** F; **e)** D; **f)** B; **g)** H; **h)** G

189.

a) B; **b)** B; **c)** C; **d)** A

190.

a) stratégie; **b)** entreprises, production; **c)** usine; **d)** développement; **e)** coopérative; **f)** viticulteurs; **g)** mine; **h)** ferme

191.

a) matières premières; **b)** paysan; **c)** gaz naturel; **d)** étable; **e)** pétrole; **f)** vignoble; **g)** troupeau; **h)** charbon

192.

a) A; **b)** C; **c)** C; **d)** B

193.

a) marchés; **b)** commerçants; **c)** commerciaux; **d)** demande; **e)** sous-développement

194.

a) Je paie/paye en liquide/en espèces.; **b)** Je voudrais placer de l'argent.; **c)** J'ai une assurance-vie.; **d)** Je ne possède pas de cartes de crédit.

Wissenschaft und Forschung

195.

a) B; **b)** H; **c)** D; **d)** A; **e)** C; **f)** E; **g)** G; **h)** F; **i)** J; **j)** K; **k)** I

196.

a) B; **b)** C; **c)** B; **d)** A; **e)** C; **f)** B

197.

a) siècle; **b)** préhistoire; **c)** résistant; **d)** indépendance; **e)** Antiquité; **f)** guerre; **g)** réunification; **h)** libération

198.

a) A; **b)** C; **c)** B; **d)** C; **e)** B

199.

nom, article, présent, expression, adjectif, verbe, mot, phrase, pluriel, futur

200.

a) titre; **b)** genre; **c)** romans; **d)** vers; **e)** rimes; **f)** contes; **g)** auteur; **h)** chapitre; **i)** héros; **j)** B.D.

201.

a) découverte; **b)** inventeur; **c)** chercheur; **d)** scientifiques; **e)** électricité; **f)** conduit; **g)** additionner

202.

a) astronomie; **b)** Terre; **c)** lune; **d)** comète; **e)** atmosphère; **f)** système solaire; **g)** espace

203.

a) L'histoire me fascine/passionne.; **b)** Je suis vraiment bon(ne)/fort(e) en mathématiques.; **c)** Je n'ai pas du tout la mémoire des chiffres.; **d)** Je travaille dans un laboratoire/en laboratoire.; **e)** Je fais des études de lettres.

Kommunikation und Medien

204.

a) C; **b)** E; **c)** D; **d)** B; **e)** A; **f)** F

205.

a) la souris; **b)** le smartphone; **c)** l'imprimante; **d)** l'ordinateur; **e)** les enceintes; **f)** l'écran

206.

a) B; **b)** C; **c)** A; **d)** B; **e)** B; **f)** C

207.

a) cabine; **b)** aux lettres; **c)** renseignements; **d)** chattent; **e)** passe; **f)** logiciel; **g)** rappeler

208.

regarder: la télévision, le téléspectateur, la photo, la vidéo, zapper

écouter: la radio, l'auditeur, le CD, la chaîne hifi, le mp3

209.

a) enceinte; **b)** casque; **c)** piles; **d)** appareil photo; **e)** console; **f)** micro

210.

a) Tu peux me passer la télécommande, s'il te plaît ?; **b)** Cette chaîne est financée par la publicité.; **c)** Je n'aime pas du tout les variétés, je préfère un bon film.

211.

P	R	E	S	S	E	A	M	É	D	I	A	S	S
U	M	R	O	U	N	E	A	R	T	I	C	L	E
B	É	U	R	J	O	U	R	N	A	L	I	L	S
L	D	B	T	E	U	A	N	N	O	N	C	E	N
I	A	R	I	T	I	T	R	E	N	O	M	I	U
E	T	I	R	I	N	F	O	R	M	E	R	A	M
R	I	Q	U	E	A	C	T	U	A	L	I	T	É
B	Q	U	O	T	I	D	I	E	N	Z	O	M	R
U	T	E	N	M	N	O	U	V	E	L	L	E	O

waagerecht: presse, médias, une, article, journal, annonce, titre, informer, actualité, quotidien, nouvelle
senkrecht: publier, rubrique, sortir, sujet, numéro

RAUM UND ZEIT

Uhrzeit und Tageszeit

212.

a) quatre heures; **b)** six heures et demie; **c)** trois heures et quart

213.

a) A; **b)** C; **c)** B; **d)** B; **e)** A; **f)** C

214.

a) l'heure; **b)** heure; **c)** matins; **d)** matinée; **e)** montre; **f)** vers; **g)** horloge; **h)** avance; **i)** avance; **j)** ponctuelle; **k)** nuit

215.

a) tôt; **b)** retard; **c)** aube; **d)** nuit; **e)** tard; **f)** heure; **g)** avance

216.

a) Je vous souhaite une bonne journée./Bonne journée !; **b)** Quelle heure est-il exactement ?; **c)** Je vous prie de répondre/Veuillez répondre/Répondez le plus tôt possible.; **d)** Je vais arriver/J'arriverai en retard.; **e)** Aujourd'hui, le bus est à l'heure./Le bus est à l'heure aujourd'hui.

Datum und Kalender

217.

lundi, mardi, mercredi, jeudi, vendredi, samedi, dimanche

218.

a) décembre; **b)** juillet; **c)** octobre; **d)** juin; **e)** septembre; **f)** janvier; **g)** mai; **h)** avril; **i)** novembre; **j)** août

219.

automne-hiver: la neige, les feuilles mortes, le ski, les champignons, la cheminée, le chauffage, le bonnet
printemps-été: le soleil, les fruits, les fleurs, la plage, la chaleur, la climatisation, la casquette, le maillot de bain

220.

a) C; **b)** B; **c)** A; **d)** C; **e)** C; **f)** B

221.

a) Il a arrêté de fumer du jour au lendemain.; **b)** Les cours de tennis qu'il prend sont hebdomadaires.; **c)** Je m'en rappelle comme si c'était hier.; **d)** Vous pouvez aller chercher votre paquet à partir de dix heures./À partir de dix heures, vous pouvez aller chercher votre paquet.; **e)** Elle vit en permanence de petits emplois saisonniers.; **f)** Je note toujours tous mes rendez-vous dans mon calendrier.

Weitere Zeitbegriffe

222.

a) lieu; **b)** rouler; **c)** sans; **d)** lourd; **e)** loin; **f)** devant; **g)** derrière; **h)** ailleurs; **i)** parler de; **j)** conditionnel; **k)** destin

223.

a) B; **b)** B; **c)** C; **d)** A; **e)** B; **f)** B; **g)** B

224.

a) E; **b)** G; **c)** F; **d)** A; **e)** B; **f)** C; **g)** D

225.

le passé: déjà, avant, jadis, auparavant, il y a
le présent: maintenant, tout de suite
le futur: bientôt, après, prochain, avenir, suivant, tout à l'heure

226.

a) jusqu'à; **b)** fois; **c)** tarder; **d)** recommence; **e)** Quelquefois; **f)** dès; **g)** cessé; **h)** Entre-temps; **i)** en l'espace; **j)** Auparavant

227.

a) Je suis en train de lire un livre.;
b) J'ai prolongé mon séjour en Espagne.;
c) Je viens de finir/terminer mon travail.

228.

P	R	A	E	N	S	U	I	T	E	I	P
W	P	O	N	P	L	W	A	A	L	I	Q
U	P	U	F	S	O	U	V	E	N	T	U
T	E	P	I	Z	E	A	S	U	I	B	E
O	N	D	N	S	N	E	O	Q	O	I	L
U	D	E	N	T	R	E	U	E	U	E	Q
J	A	M	A	I	S	M	D	B	N	N	U
O	N	E	A	R	R	O	A	P	O	T	E
U	T	P	A	R	F	O	I	S	V	Ô	F
R	M	A	I	N	T	E	N	A	N	T	O
S	Z	E	N	C	O	R	E	X	E	C	I
T	A	U	S	S	I	T	Ô	T	U	I	S

waagerecht: ensuite, souvent, entre, jamais, parfois, maintenant, encore, aussitôt
senkrecht: toujours, pendant, enfin, soudain, bientôt, quelquefois
diagonal: puis, avant

Zahlen und Mengen

229.

a) douze; **b)** seize; **c)** treize; **d)** quinze; **e)** quatorze; **f)** onze

230.

a) cent; **b)** zéro; **c)** vingt; **d)** mille; **e)** cinquante; **f)** soixante; **g)** trente; **h)** quarante

231.

a) H; **b)** D; **c)** E; **d)** A; **e)** C; **f)** G; **g)** F; **h)** B

232.

a) C; **b)** B; **c)** A

Maße und Gewichte

233.

des mesures: mètre, centimètre, millimètre, kilomètre
des poids: kilogramme, gramme, tonne, milligramme, livre

234.

a) C; **b)** A; **c)** E; **d)** B; **e)** D; **f)** H; **g)** F; **h)** I; **i)** G

235.

a) longueur/largeur; **b)** largeur/hauteur; hauteur/largeur/longueur; **c)** profondeur/longueur/largeur; **d)** volume; **e)** superficie; **f)** mesures; **g)** pèse

236.

a) Il me faut un câble de dix-huit millimètres de diamètre.; **b)** Le camion transporte un volume de cent mètres cube.; **c)** Les Alpes, dont certains sommets atteignent plus de quatre mille mètres, sont une région de hautes montagnes./Les Alpes sont une région de hautes montagnes dont certains sommets atteignent plus de quatre mille mètres.

BEGRIFFE ZUR BESCHREIBUNG

Farben und Formen

237.

a) bleu; **b)** marron; **c)** rose; **d)** blanc; **e)** noir; **f)** jaune; **g)** vert; **h)** rouge

238.

a) D; **b)** E; **c)** B; **d)** C; **e)** A

239.

a) rouges; **b)** gris; **c)** vert; **d)** blanche; **e)** jaunes; **f)** bleue; **g)** noir

240.

a) Il a le teint foncé et les cheveux noirs./Il a les cheveux noirs et le teint foncé.; **b)** Je fais des ronds de fumée avec ma cigarette.; **c)** J'utilise du vernis à ongles incolore quand je sors./Quand je sors, j'utilise du vernis à ongles incolore.; **d)** Je porte souvent des vêtements de couleur claire.

Grad und Vergleich

241.

assez, trop, mieux, pire, plus, très, même, moins, tellement, peu, environ

242.

a) C; **b)** B; **c)** B; **d)** C; **e)** A; **f)** C

Modalausdrücke

243.

a) vouloir; **b)** pouvoir; **c)** devoir; **d)** falloir

244.

a) Je me suis décidé(e) définitivement.; **b)** Je ne peux plus marcher.; **c)** J'ai provisoirement une voiture.; **d)** Je viendrai peut-être./Je vais peut-être venir.; **e)** Je dois rentrer en taxi.

Ursache und Wirkung

245.

Ursache: parce que, la raison pour laquelle, car, puisque

Wirkung: donc, alors, par conséquent, en effet

246.

a) suite; **b)** entraîné; **c)** effet; **d)** mobile; **e)** résulter; **f)** abouti

Ziel und Zweck

247.

a) C; **b)** D; **c)** A; **d)** B; **e)** F; **f)** E

248.

a) Je te dis cela pour t'encourager.; **b)** Le but de ma recherche est de trouver une solution pratique.; **c)** Cette machine sert à couper le pain.; **d)** Tu dois persévérer pour atteindre ton but.

Zustand und Veränderung

249.

être, avoir, rester, exister, changer, devenir, améliorer, aggraver

250.

a) situation; **b)** immobile; **c)** existent; **d)** il y a; **e)** aggravé; **f)** améliorée; **g)** inchangé; **h)** changé; **i)** restés

Wortverzeichnis

A

	à	*in, ins, im; nach*
	à la chaîne	*am Fließband*
	aboutir	*führen*
	absolument	*unbedingt*
	accepter	*akzeptieren, annehmen*
l'	**accident** (m)	*Unfall*
	accompagner	*begleiten*
	accoucher	*gebären; ein Kind bekommen*
	accrocher	*aufhängen*
l'	**accueil** (m)	*Empfang*
l'	**accusé, -e**	*Verdächtige, -r*
(s')	**acheter**	*(sich) kaufen*
l'	**acteur, -trice**	*Schauspieler, -in*
l'	**actualité** (f)	*Neuigkeiten*
	actuel, -lle	*aktuell*
l'	**addition** (f)	*Rechnung*
l'	**administration** (f)	*Verwaltung*
l'	**adolescent, -e**	*Teenager*
	adopter	*annehmen*
	adorer	*lieben*
l'	**adulte** (m/f)	*Erwachsene, -r*
l'	**adversaire** (m/f)	*Gegner, -in*
l'	**aéroport** (m)	*Flughafen*
les	**affaires** (fPl)	*Sachen*
	afin de/que	*um … zu; damit*
l'	**âge** (m)	*Alter*
	aggraver	*verschlechtern*
	agréable	*angenehm*
l'	**agriculture** (f)	*Landwirtschaft*
	aider	*helfen*
	ailleurs	*woanders*
	aimable	*freundlich*
	aimer	*mögen; lieben*
l'	**aire** (f) **de repos**	*Raststätte*
	alarmant, -e	*kritisch*
l'	**alcool** (m)	*Alkohol*
l'	**alimentation**	*Ernährung*
	aller	*gehen; fahren*
	allumer	*anmachen, einschalten*
	alors	*also*
	alphabétique	*alphabetisch*
l'	**ambulance** (f)	*Rettungswagen*
	améliorer	*verbessern*
l'	**ami, -e**	*Freund, -in*
l'	**ampoule** (f)	*Glühbirne; Blase*
l'	**an** (m)	*Jahr*
l'	**anglais**	*Englisch*
l'	**année** (f)	*Jahr*
l'	**anniversaire** (m)	*Geburtstag*
	annoncer	*ankündigen; vorhersagen*
	annuler	*annullieren; streichen*
	apercevoir	*(flüchtig) sehen*
l'	**appareil** (m) **photo**	*Fotoapparat*
l'	**apparence** (f)	*äußerliche Erscheinung*
l'	**appartement** (m)	*Wohnung*
	appartenir	*gehören*
s'	**appeler**	*heißen*
	appeler	*(an)rufen*
	apprendre	*lernen*
l'	**apprentissage** (m)	*Lehre; Ausbildung*
s'	**approcher**	*sich nähern*
	approfondir	*vertiefen*
l'	**après-midi** (m/f)	*Nachmittag*
l'	**arbre** (m)	*Baum*
l'	**architecte** (m/f)	*Architekt, -in*
l'	**argent** (m)	*Geld*
l'	**armoire** (f)	*Schrank*
l'	**arrêt** (m)	*Halt; Haltestelle*
s'	**arrêter**	*anhalten*
l'	**arrivée** (f)	*Ankunft*
	arriver	*ankommen; schaffen*
l'	**arrosoir** (m)	*Gießkanne*
l'	**artère** (f)	*Arterie*
l'	**article** (m)	*Artikel*
l'	**artisan** (m)	*Handwerker*
l'	**artisanat** (m)	*Handwerk*
l'	**ascenseur** (m)	*Aufzug, Lift*
l'	**assemblée** (f)	*Versammlung*
	assez	*genug; ziemlich*
l'	**assiette** (f)	*Teller*
	assister	*teilnehmen*
l'	**association** (f)	*Verein*
l'	**assurance** (f)	*Versicherung*
l'	**astre** (m)	*Stern*
l'	**atelier** (m)	*Werkstatt*
(s')	**attendre**	*(er)warten*
	attention	*Vorsicht; Achtung*
	attirer	*anziehen*
	attraper	*bekommen; fangen*
l'	**aube** (f)	*Sonnenaufgang*
l'	**auditeur, -trice**	*Zuhörer, -in*
l'	**augmentation** (f)	*Erhöhung*
	augmenter	*erhöhen*
	aujourd'hui	*heute*
	auparavant	*vorher*
	auprès de	*bei*
	aussi	*auch*
	aussitôt	*sofort danach; alsbald*
l'	**auteur** (m/f)	*Autor, -in*
l'	**autoroute** (f)	*Autobahn*
	autour de	*um … herum*
	autre	*andere, -r, -s*
	autrefois	*damals; früher*
l'	**avalanche** (f)	*Lawine*
	avant	*vor*

	avant-hier	*vorgestern*
	avec	*mit*
l'	**avenir** (m)	*Zukunft*
l'	**avion** (m)	*Flugzeug*
l'	**avis** (m)	*Meinung*
l'	**avocat, -e**	*Rechtsanwalt, -ältin*
	avoir	*haben*
	avoir besoin de	*brauchen*

B

le	**baccalauréat**	*Abitur*
la	**baignoire**	*Badewanne*
	baisser	*sinken*
se	**balader**	*spazieren gehen*
le	**balai**	*Besen*
	balayer	*kehren*
le	**ballet**	*Ballett*
la	**banque**	*Bank*
le	**bar**	*Bar; Kneipe*
la	**barbe**	*Bart*
le	**bateau**	*Boot, Schiff*
le	**bâtiment**	*Gebäude*
le	**batteur**	*Handrührgerät*
	battre	*schlagen*
la	**B.D.**	*Comic*
	beau, belle	*schön*
	beaucoup	*viel; sehr*
le	**beau-père**	*Schwieger-, Stiefvater*
le	**bébé**	*Baby*
la	**belle-mère**	*Schwieger-, Stiefmutter*
la	**belle-sœur**	*Schwägerin*
la	**béquille**	*Krückstock*
	bête	*dumm*
le	**beurre**	*Butter*
la	**bibliothèque**	*Bücherregal*
	bien	*gut*
	bien que	*obwohl*
	bien sûr	*natürlich; selbstverständlich*
	bientôt	*bald*
la	**bière**	*Bier*
le	**bijou**	*Schmuck*
le/la	**bijoutier, -ière**	*Schmuckverkäufer, -in*
le	**billet**	*Fahrschein; Eintrittskarte*
	bizarre	*komisch, seltsam; merkwürdig*
le/la	**blessé, -e**	*Verletzte, -r*
la	**blessure**	*Verletzung*
le	**bleu**	*blauer Fleck*
le	**bœuf**	*Rind; Ochse*
	boire	*trinken*
la	**boisson**	*Getränk*
la	**boîte**	*Dose; Büchse; Disko (ugs.); Firma (ugs.)*
	bon, -nne	*gut*
le	**bonnet**	*Mütze*
la	**botte**	*Stiefel*
le/la	**boucher, -ère**	*Metzger, -in*
la	**boucherie**	*Metzgerei*
les	**bouchons** (mPl)	*Stau*
	bouclé, -e	*gelockt*
la	**boue**	*Schlamm*
	bouger	*sich bewegen*
	bouillir	*kochen*
la	**bouilloire**	*Wasserkocher*
le/la	**boulanger, -ère**	*Bäcker, -in*
les	**boules** (fPl)	*Boccia*
le	**boulot** (ugs.)	*Arbeit*
le	**bouquet**	*(Blumen)strauß*
la	**bouteille**	*Flasche*
le	**bouton**	*Pickel; Knopf*
la	**boxe**	*Boxen*
	bref, brève	*kurz*
le	**bricolage**	*Basteln; Werkeln*
la	**brique**	*Ziegelstein*
le	**brocoli**	*Brokkoli*
	bronzé, -e	*braun (gebrannt)*
la	**brosse**	*Bürste*
le	**brouillard**	*Nebel*
le	**bruit**	*Lärm; Krach*
	brûler	*(ver)brennen*
la	**brûlure**	*Verbrennung*
la	**brume**	*Nebel*
	brun, -e	*dunkelhaarig*
le	**bureau**	*Büro; Arbeitszimmer; Schreibtisch*
le	**but**	*Ziel*

C

la	**cabine téléphonique**	*Telefonzelle*
le	**câble**	*Kabel*
la	**cacahuète**	*Erdnuss*
le	**cadeau**	*Geschenk*
le	**café**	*Kaffee; Kneipe, Café*
la	**cafetière**	*Kaffeemaschine*
le	**cahier**	*Heft*
le	**calcul**	*Berechnung*
	calculer	*(be)rechnen*
le	**calendrier**	*Kalender*
	calme	*ruhig*
le/la	**camarade**	*Kamerad, -in*
le	**camion**	*Lastwagen*
le	**camp**	*Lager*
le	**canapé**	*Couch*
le	**capitaine**	*Kapitän*
la	**capitale**	*Hauptstadt*
	car	*denn*

le **caractère**	*Charakter*
la **carafe**	*Karaffe*
la **carotte**	*Möhre, Karotte*
le **carrefour**	*Kreuzung*
le **carrelage**	*Fliesen*
la **carrière**	*Karriere*
la **carte**	*Karte; Spielkarte; Speisekarte*
le **casque**	*Helm; Kopfhörer*
la **cathédrale**	*Kathedrale, Dom*
la **cave**	*Keller*
célibataire	*ledig*
certain, e	*gewisse; sicher*
le **cerveau**	*Gehirn*
la **chaîne**	*Kette*
la **chaîne hi-fi**	*Stereoanlage*
la **chaise**	*Stuhl*
la **chaleur**	*Wärme; Hitze*
chaleureux, -euse	*herzlich*
la **chambre**	*Schlafzimmer*
le **champagne**	*Champagner*
le **champignon**	*Pilz*
la **chance**	*Glück*
le/la **chancelier, -ière**	*Bundeskanzler, -in*
se **changer**	*sich umziehen*
changer	*wechseln*
la **chanson**	*Lied*
le **chapeau**	*Hut*
le **chapitre**	*Kapitel*
chaque	*jede, -r, -s*
le **charbon**	*Kohle*
les **charges** (fPl)	*Nebenkosten*
le **chariot**	*Einkaufswagen*
le **chasse-neige**	*Schneepflug*
le **chat**	*Katze*
le **château**	*Burg; Schloss*
chaud, -e	*warm*
le **chauffage**	*Heizung*
la **chaussure**	*Schuh*
le **chemin**	*Weg*
la **cheminée**	*Kamin*
le **chêne**	*Eiche*
cher, chère	*teuer; lieb*
chercher	*suchen*
le **cheval**	*Pferd*
les **cheveux** (mPl)	*Haar*
la **cheville**	*Knöchel*
chez	*bei, zu*
chic	*schick*
le **chien**	*Hund*
le **chiffon**	*Putztuch, Lappen*
le **chiffre**	*Zahl*
la **chimie**	*Chemie*
le/la **chirurgien, -nne**	*Chirurg, -in*
le **choc**	*Schock*
le **chocolat**	*Schokolade*
choisir	*wählen*
le **chômage**	*Arbeitslosigkeit*
le **chou**	*Kohl*
chouette	*prima*
chrétien, -nne	*christlich*
le **ciel**	*Himmel*
le **cigare**	*Zigarre*
la **cigarette**	*Zigarette*
le **cil**	*Wimper*
le **cinéma**	*Kino*
la **circulation**	*Verkehr*
circuler	*fahren*
la **citerne**	*Zisterne*
le/la **citoyen, -nne**	*Bürger, -in*
le **citron**	*Zitrone*
clair, -e	*hell, klar*
la **clarinette**	*Klarinette*
la **classe**	*Klasse*
le **classeur**	*Ordner*
classique	*klassisch*
le **client, -e**	*Kunde, -in*
le **climat**	*Klima*
la **climatisation**	*Klimaanlage*
le **clin d'œil**	*Augenzwinkern*
la **clinique**	*Klinik*
la **clôture**	*Zaun*
le **clou**	*Nagel*
le **club**	*Klub; Verein*
le **cochon**	*Schwein*
la **cocotte-minute**®	*Schnellkochtopf*
le **cœur**	*Herz*
le/la **coiffeur, -euse**	*Friseur, -in*
la **coiffure**	*Frisur*
le **coin**	*Ecke*
le **colis**	*Paket*
le **collège**	*≈ Gesamtschule*
le/la **collégien, -nne**	*≈ Gesamtschüler, -in*
coller	*kleben*
les **colonies** (fPl) **de vacances**	*Feriencamp*
combien	*wie viel*
le **comité d'entreprise**	*Betriebsrat*
commander	*bestellen*
comme	*wie; als; da*
commencer	*beginnen, anfangen*
le/la **commerçant, -e**	*Händler, -in*
commercial, -e	*Handels-*
le/la **commissaire**	*Kommissar, -in*
le **commissariat**	*Polizeirevier*
commun,-e	*gemeinsam*
communal, -e	*städtisch*
la **comparaison**	*Vergleich*
compétent, -e	*kompetent*
la **compétition**	*Wettkampf*
complet, -ète	*voll, ganz*

la	**compote de pommes**	*Apfelmus*
la	**compréhension**	*Verständnis*
	comprendre	*verstehen*
le	**comprimé**	*Tablette*
	compris, -e	*inbegriffen*
le/la	**comptable**	*Buchhalter, -in*
	compter	*zählen; rechnen*
se	**concentrer**	*sich konzentrieren*
	concerner	*betreffen*
le	**concert**	*Konzert*
le	**concombre**	*Gurke*
le	**concubinage**	*Partnerschaft; wilde Ehe*
la	**condition**	*Bedingung*
la	**condition physique**	*körperliche Fitness*
le/la	**conducteur, -trice**	*Fahrer, -in*
	conduire	*fahren; führen*
la	**confiture**	*Marmelade*
	confortable	*bequem*
le	**congélateur**	*Tiefkühltruhe*
les	**connaissances** (fPl)	*Kenntnisse; Wissen*
(se)	**connaître**	*(sich) kennen (lernen)*
	conseiller	*empfehlen*
le/la	**consommateur, -trice**	*Verbraucher, -in*
	construire	*bauen*
	consulter	*Sprechstunde haben; besuchen*
	contagieux, -euse	*ansteckend*
le	**conte**	*Märchen*
	content, -e	*zufrieden*
le	**contrat**	*Vertrag*
	contre	*gegen*
la	**contribution**	*Beitrag*
le	**contrôle**	*Kontrolle*
le/la	**contrôleur, -euse**	*Schaffner, -in*
la	**conversation**	*Gespräch; Unterhaltung*
	convoquer	*einladen; bestellen*
la	**coopérative**	*Genossenschaft*
le	**coq**	*Hahn*
le	**corps**	*Körper*
	corpulent, -e	*kräftig*
le/la	**correspondant, -e**	*Brieffreund, -in*
le	**côté**	*Seite*
	cotiser	*einen Beitrag zahlen*
le	**cou**	*Hals; Nacken*
	couler	*fließen*
la	**couleur**	*Farbe*
le	**couloir**	*Flur; Gang*
le	**coup**	*Schlag*
	coupable	*schuldig*
la	**coupe**	*Cup; Pokal*
	couper	*schneiden*
le	**couple**	*Paar*
la	**coupure**	*Schnitt; Schnittwunde*
la	**cour**	*Hof*
	courir	*laufen; rennen*
le	**cours**	*Kurs; Unterricht*
la	**course**	*Laufen; Rennen*
les	**courses** (fPl)	*Einkäufe*
	court, -e	*kurz*
le	**couteau**	*Messer*
	coûter	*kosten*
la	**couverture**	*Decke*
se	**couvrir**	*sich warm anziehen; sich zudecken*
	craindre	*(be)fürchten*
la	**cravate**	*Krawatte*
le	**crayon**	*Stift*
la	**crèche**	*Krippe*
	créer	*schaffen; gründen*
la	**crème solaire**	*Sonnencreme*
la	**crêpe**	*Pfannkuchen*
le	**crime**	*Verbrechen*
la	**criminalité**	*Kriminalität*
le	**criminel**	*Krimineller*
	critique	*kritisch*
	croire	*glauben*
les	**crudités** (fPl)	*Rohkost*
	cuire	*kochen; braten*
la	**cuisine**	*Küche*
la	**cuisse**	*Oberschenkel*
	culturel, -lle	*kulturell*
le	**cyclone**	*Zyklon*

D

	d'accord	*einverstanden*
	dangereux, -euse	*gefährlich*
	dans	*in, ins, im*
	danser	*tanzen*
le/la	**danseur, -euse**	*Tänzer, -in*
	d'après	*... nach*
la	**date (de naissance)**	*(Geburts)datum*
	davantage	*mehr*
	de	*aus; von*
	débarrasser	*abräumen*
le	**début**	*Beginn*
le	**décapsuleur**	*Flaschenöffner*
	déchirer	*zerreißen*
	décider	*entscheiden; beschließen*
se	**décider**	*sich entschließen*
	déclarer	*melden; verzollen*
	décoller	*abheben; starten*
	déconseiller	*abraten*
la	**découverte**	*Entdeckung*
	décrire	*beschreiben*

	décrocher	*bekommen; abnehmen*
	déçu, -e	*enttäuscht*
le	**défaut**	*Fehler*
	défendre	*verteidigen*
	dehors	*draußen*
	déjà	*schon*
	déjeuner	*Mittag essen*
le/la	**délégué, -e**	*Vertreter, -in*
	délicieux, -euse	*köstlich; lecker*
	demain	*morgen*
la	**demande**	*Bitte; Antrag; Nachfrage*
	demander	*fragen; bitten*
	déménager	*umziehen*
la	**demi-heure**	*halbe Stunde*
la	**dent**	*Zahn*
le	**dentifrice**	*Zahnpasta*
le/la	**dentiste**	*Zahnarzt, -ärztin*
la	**dépense**	*Ausgabe*
	dépenser	*ausgeben*
se	**déplacer**	*sich fortbewegen*
	déprimé, -e	*deprimiert*
	depuis	*seit*
le/la	**député, -e**	*Abgeordnete, -r*
	déranger	*stören*
le/la	**dermatologue**	*Hautarzt, -ärztin*
	derrière	*hinter*
	dès (que)	*sobald*
se	**déshabiller**	*sich ausziehen*
	désirer	*wünschen*
le	**dessin**	*Zeichnung*
	dessiner	*malen; zeichnen*
le	**destin**	*Schicksal*
	détester	*hassen*
	devant	*vor*
le	**développement**	*Entwicklung*
	développer	*entwickeln*
	devenir	*werden*
	devoir	*sollen; müssen*
les	**devoirs** (mPl)	*Hausaufgaben*
le	**dialogue**	*Dialog; Gespräch*
le	**diamètre**	*Durchmesser*
le	**dictionnaire**	*Wörterbuch*
le	**dieu**	*Gott*
la	**différence**	*Unterschied*
	différent, -e	*unterschiedlich; verschieden*
	difficile	*schwierig*
la	**difficulté**	*Schwierigkeit*
	diminuer	*senken; sinken*
	dîner	*Abend essen*
le	**dîner**	*Abendessen*
	dire	*sagen*
le/la	**directeur, -trice**	*Schulleiter, -in*
la	**direction**	*Richtung; Leitung*
la	**discothèque**	*Diskothek*
le	**discours**	*Rede*
la	**discussion**	*Gespräch*
	divorcé, -e	*geschieden*
	divorcer	*sich scheiden lassen*
	d'occasion	*gebraucht*
le	**doigt**	*Finger*
le	**domaine**	*Bereich*
	donc	*also*
	donner	*geben*
le	**dossier**	*Akte*
	d'où	*woher*
la	**douane**	*Zoll*
	doubler	*überholen*
la	**douche**	*Dusche*
	doux, douce	*mild; leicht*
la	**douzaine**	*Dutzend*
le	**drap**	*Bettlaken*
le	**drapeau**	*Fahne*
la	**drogue**	*Droge*
le	**droit**	*Jura; Recht*
	drôle	*lustig*
	dur, -e	*hart*
la	**durée**	*Dauer*
	durer	*dauern*

E

l'	**eau** (f)	*Wasser*
l'	**écharpe** (f)	*Schal*
les	**échecs** (mPl)	*Schach*
l'	**école** (f)	*Schule*
l'	**écologiste** (m/f)	*Umweltschützer, -in*
l'	**économie** (f)	*Wirtschaft*
	écouter	*(zu-, an)hören*
	écrire	*schreiben*
l'	**écriture** (f)	*Schrift(art)*
l'	**écrivain** (m/f)	*Schriftsteller, -in*
l'	**éducation** (f)	*Erziehung*
l'	**église** (f)	*Kirche*
les	**élections** (fPl)	*Wahlen*
l'	**électricité** (f)	*Strom*
	électrique	*elektrisch*
	élégant, -e	*elegant*
l'	**élevage** (m)	*Viehzucht*
l'	**élève** (m/f)	*Schüler, -in*
	élevé, -e	*hoch*
l'	**embarquement** (m)	*Boarding*
l'	**embouteillage** (m)	*Stau*
	emménager	*einziehen*
l'	**emploi** (m)	*Stelle*
l'	**emploi** (m) **du temps**	*Stundenplan*
l'	**employé, -e**	*Angestellte, -r*
	emporter	*mitbringen*
	emprunter	*leihen; ausleihen*

Wortverzeichnis

	en	*in, nach; aus*
	enchanté, -e	*erfreut*
	encore	*noch*
	énergique	*energisch*
s'	**énerver**	*sich aufregen*
	énerver	*nerven*
l'	**enfant** (m/f)	*Kind*
l'	**enfer** (m)	*Hölle*
	enfin	*schließlich*
	enfoncer	*hineindrücken*
	enfourner	*in den Ofen schieben*
l'	**engrais** (m)	*Dünger*
	enlever	*ausziehen*
l'	**ennemi** (m)	*Feind*
l'	**enquête** (f)	*Untersuchung*
	enrhumé, -e	*erkältet*
l'	**enseignement** (m)	*Lehre; Unterricht*
	enseigner	*lehren; unterrichten*
	ensemble	*zusammen*
	entendre	*hören*
l'	**entorse** (f)	*Verstauchung*
	entraîner	*führen*
l'	**entrée** (f)	*Eingang; Vorspeise*
	entreposer	*zwischenlagern*
l'	**entreprise** (f)	*Firma; Unternehmen*
	entrer	*hineingehen; hereintreten*
	entre-temps	*in der Zwischenzeit*
	entretenir	*pflegen*
l'	**enveloppe** (f)	*Umschlag*
	environ	*circa; ungefähr*
l'	**environnement** (m)	*Umwelt*
	envoyer	*schicken, senden*
	épais, -sse	*dick*
	épeler	*buchstableren*
l'	**épicerie** (f)	*Tante-Emma-Laden*
s'	**épiler**	*sich epilieren*
	éplucher	*schälen*
l'	**époque** (f)	*Epoche; Zeitalter*
l'	**époux, -ouse**	*Ehemann, -frau*
	équilibré, -e	*ausgewogen*
l'	**équipe** (f)	*Mannschaft; Team*
l'	**érable** (m)	*Ahorn*
	ériger	*bauen*
l'	**escalier** (m)	*Treppe*
l'	**espace** (m)	*Weltraum*
	espérer	*hoffen*
l'	**esprit** (m)	*Geist*
	essayer	*versuchen; (an)-probieren*
l'	**essence** (f)	*Benzin*
	essuyer	*wischen; abtrocknen*
l'	**estomac** (m)	*Magen*
	et	*und*
l'	**étable** (f)	*Stall*
l'	**établi** (m)	*Werkbank*
l'	**établissement** (m)	*Einrichtung*
l'	**étage** (m)	*Stockwerk*
l'	**étagère** (f)	*Regal*
l'	**État** (m)	*Staat*
l'	**état** (m)	*Zustand*
l'	**été** (m)	*Sommer*
	éteindre	*ausmachen, -schalten*
	étonné, -e	*erstaunt*
l'	**étranger**	*Ausland*
l'	**étranger, -ère**	*Ausländer, -in; Fremde, -r*
	être	*sein*
les	**études** (fPl)	*Studium*
l'	**étudiant, -e**	*Student, -in*
	étudier	*studieren*
	européen, -nne	*europäisch*
s'	**évanouir**	*in Ohnmacht fallen*
l'	**événement** (m)	*Ereignis*
	évidemment	*natürlich; selbstverständlich*
	exact, -e	*genau*
l'	**examen** (m)	*Prüfung; Untersuchung*
l'	**excursion** (f)	*Ausflug*
l'	**exemple** (m)	*Beispiel*
l'	**exercice** (m)	*Übung; Bewegung*
l'	**explication** (f)	*Erklärung*
	expliquer	*erklären*
l'	**exposition** (f)	*Ausstellung*
l'	**expression** (f)	*Redewendung; Ausdruck*

F

la	**fac** (ugs.)	*Uni* (ugs.)
	facile	*leicht*
le/la	**facteur, -trice**	*Briefträger, -in*
la	**faculté**	*Fakultät*
	faible	*schwach*
	faire	*machen; tun*
le	**fait**	*Tatsache*
la	**famille**	*Familie*
	fatigué, -e	*müde*
le	**fauteuil**	*Sessel*
	féliciter	*gratulieren*
la	**femme**	*Frau; Ehefrau*
le	**fer à repasser**	*Bügeleisen*
	fermer	*schließen; zumachen*
le	**ferry**	*Fähre*
la	**fesse**	*Pobacke*
la	**Fête nationale**	*Nationalfeiertag*
	fêter	*feiern*
le	**feu**	*Feuer; Ampel; Scheinwerfer*
la	**feuille**	*Blatt*
le	**feutre**	*Filzstift*

	fidèle	*treu*
la	**fièvre**	*Fieber*
la	**fille**	*Mädchen; Tochter*
le	**fils**	*Sohn*
la	**fin**	*Ende*
	fin, -e	*fein; schmal*
	final, -e	*endlich; final*
	financer	*finanzieren*
	finir	*beenden; fertig sein*
la	**fleur**	*Blume*
le	**fleuve**	*(großer) Fluss*
le	**flic** (ugs.)	*Bulle* (ugs.)
la	**fois**	*Mal*
	foncé, -e	*dunkel*
la	**fonction publique**	*öffentlicher Dienst*
le	**fond**	*Boden; Ende*
les	**fonds** (mPl)	*Gelder*
le	**footing**	*Jogging; Joggen*
la	**force**	*Kraft*
la	**formation**	*Aus-, Weiterbildung*
	former	*bilden*
le	**formulaire**	*Formular*
	fort, -e	*stark*
la	**fortune**	*Reichtum*
le	**foulard**	*Halstuch*
le	**four**	*(Back)ofen*
la	**fourchette**	*Gabel*
les	**frais** (mPl)	*Kosten*
la	**fraise**	*Erdbeere*
le	**français**	*Französisch*
	fréquenter	*treffen; besuchen*
le	**frère**	*Bruder*
les	**frites** (fPl)	*Pommes, Fritten*
	froid, -e	*kalt*
le	**fromage**	*Käse*
le	**front**	*Stirn*
le	**fruit**	*Frucht*
la	**fumée**	*Rauch*
	fumer	*rauchen*
le/la	**fumeur, -euse**	*Raucher, -in*

G

le/la	**gagnant, -e**	*Gewinner, -in*
	gagner	*gewinnen; verdienen*
	gai, -e	*fröhlich*
le	**gant**	*Handschuh*
le	**garçon**	*Junge*
	garder	*behalten*
le/la	**gardien, -nne**	*Wächter, -in*
la	**gare (routière)**	*(Bus)bahnhof*
	garer	*parken*
le	**gâteau**	*Kuchen; Keks*
le	**gaz**	*Gas*
le	**gazon**	*Rasen*
le	**gendre**	*Schwiegersohn*
le/la	**généraliste**	*Arzt/Ärztin für Allgemeinmedizin*
le	**genre**	*Art; Genus*
	gentil, -lle	*lieb; nett*
la	**géographie**	*Geografie, Erdkunde*
la	**glace**	*Eis*
	glisser	*rutschen*
la	**gomme**	*Radiergummi*
la	**gorge**	*Hals; Kehle*
	goûter	*probieren*
le	**goûter**	*Imbiss; Zwischenmahlzeit*
le	**gouvernement**	*Regierung*
	gouverner	*regieren*
	grand, -e	*groß*
la	**grand-mère**	*Großmutter*
le	**grand-père**	*Großvater*
	gras, -sse	*fett*
	grave	*schlimm*
le	**grec**	*Griechisch*
la	**grêle**	*Hagel*
le	**grenier**	*Dachboden*
la	**grève**	*Streik*
	gris, -e	*grau*
	gros, -sse	*dick*
le	**groupe**	*Gruppe; Band*
	guéri, -e	*geheilt; genesen*
	guérir	*heilen*
la	**guerre**	*Krieg*
le	**guichet**	*Schalter*
la	**guitare**	*Gitarre*
la	**gymnastique**	*Gymnastik; Turnen*
le/la	**gynécologue**	*Frauenarzt, -ärztin*

H

(s')	**habiller**	*(sich) anziehen*
l'	**habitant, -e**	*Ein-, Bewohnerin*
	habiter	*wohnen*
la	**hache**	*Axt*
la	**haie**	*Hecke*
le	**hand(-ball)**	*Handball*
le	**hangar**	*Halle*
le	**haricot**	*Bohne*
	haut, -e	*hoch*
la	**hauteur**	*Höhe*
le	**haut-parleur**	*Lautsprecher*
	hebdomadaire	*wöchentlich*
l'	**hématome** (m)	*Hämatom*
l'	**herbe** (f)	*Gras; Wiese*
les	**herbes** (fPl)	*Kräuter*
le	**héros**	*Held*
	hésiter	*zögern*
l'	**heure** (f)	*Uhrzeit; Stunde*
	heureux, -euse	*glücklich*
	hier	*gestern*
l'	**histoire** (f)	*Geschichte*

Wortverzeichnis

l'	**homme** (m)	*Mann; Mensch*
l'	**hôpital** (m)	*Krankenhaus*
les	**horaires** (mPl)	*Fahrplan*
l'	**horloge** (f)	*Standuhr*
l'	**hôtel** (m)	*Hotel*
l'	**hôtesse** (f) **de l'air**	*Stewardess*
l'	**huile** (f)	*Öl*
l'	**humeur** (f)	*Laune*

I

l'	**idée** (f)	*Idee*
	identique	*identisch*
	idiot, -e	*idiotisch*
	il faut	*man braucht, man muss*
	il y a	*es gibt; vor*
l'	**île** (f)	*Insel*
	immédiat, -e	*schnell; kurz*
l'	**immeuble** (m)	*Hochhaus; Wohnhaus*
l'	**immigré, -e**	*Einwanderer, -in*
	immobile	*bewegungslos*
l'	**impôt** (m)	*Steuer*
l'	**impression** (f)	*Eindruck*
l'	**imprimante** (f)	*Drucker*
l'	**incident** (m)	*Zwischenfall*
	incurable	*unheilbar*
l'	**indemnité** (f) **de chômage**	*Arbeitslosengeld*
l'	**indépendance** (f)	*Unabhängigkeit*
	indiquer	*angeben; anzeigen*
l'	**infirmier, -ière**	*Krankenpfleger, -schwester*
l'	**informaticien, -nne**	*Informatiker, -in*
l'	**ingénieur** (m/f)	*Ingenieur, -in*
l'	**ingrédient** (m)	*Zutat*
s'	**inquiéter**	*sich Sorgen machen; beunruhigt sein*
l'	**inscription** (f)	*Anmeldung*
s'	**inscrire**	*sich anmelden; sich einschreiben*
l'	**instant** (m)	*Augenblick*
l'	**instituteur, -trice**	*Grundschullehrer, -in*
	interdire	*verbieten*
	intéressant, -e	*interessant*
l'	**interrogatoire** (m)	*Befragung*
	interrompre	*unterbrechen; abbrechen*
l'	**intestin** (m)	*Darm*
	inviter	*einladen*
	italien, -nne	*italienisch*

J, K

	jadis	*damals*
	jamais	*nie*
le	**jambon**	*Schinken*
le	**jardin**	*Garten*
le	**jeu**	*Spiel*
	jeune	*jung*
	joli, -e	*hübsch*
	jouer	*spielen*
le/la	**joueur, -euse**	*Spieler, -in*
le	**jour**	*Tag*
le	**jour férié**	*Feiertag*
le	**journal**	*Zeitung*
la	**journée**	*Tag*
le	**juge**	*Richter*
le	**jury**	*Geschworene*
le	**jus de pomme**	*Apfelsaft*
	jusqu'à ce que	*bis*
	juste	*gerade*
la	**justice**	*Justiz*
	klaxonner	*hupen*

L

	là-bas	*dort*
	laid, -e	*hässlich*
la	**laideur**	*Hässlichkeit*
la	**laine**	*Wolle*
	laisser	*lassen*
le	**lait**	*Milch*
la	**lampe**	*Lampe*
la	**langue**	*Zunge; Sprache*
le	**lapin**	*Kaninchen*
la	**largeur**	*Breite*
le	**latin**	*Latein*
le	**lavabo**	*Waschbecken*
la	**lavande**	*Lavendel*
(se)	**laver**	*(sich) waschen*
le	**lave-vaisselle**	*Geschirrspüler*
la	**leçon**	*Lektion*
la	**lecture**	*Lesen; Lektüre*
	légal, -e	*gesetzlich*
le	**légume**	*Gemüse*
les	**lentilles** (fPl) **de contact**	*Kontaktlinsen*
la	**lessive**	*Waschmittel*
la	**lettre**	*Brief; Buchstabe*
se	**lever**	*aufstehen*
	lever	*heben*
la	**lèvre**	*Lippe*
	libéral, -e	*frei; liberal*
la	**libération**	*Befreiung*
la	**librairie**	*Buchhandlung*
	libre	*frei*
le	**licenciement**	*Entlassung*
	licencier	*entlassen*
le	**lieu**	*Ort*
la	**limitation de vitesse**	*Geschwindigkeitsbegrenzung*
	limité, -e	*begrenzt; beschränkt*
le	**linge**	*Wäsche*

le	**lion**	*Löwe*
	lire	*lesen*
le	**lit**	*Bett*
le	**litre**	*Liter*
le	**livre**	*Buch*
la	**livre**	*Pfund*
	local, -e	*lokal*
le/la	**locataire**	*Mieter, -in*
le	**logement**	*Wohnung; Wohnen*
le	**logiciel**	*Software*
la	**loi**	*Gesetz*
	loin	*weit*
	long, -gue	*lang*
	longtemps	*lange*
la	**longueur**	*Länge*
	lorsque	*während*
	lourd, -e	*schwer*
le	**loyer**	*Miete*
la	**lune**	*Mond*
les	**lunettes** (fPl) **(de soleil)**	*(Sonnen)brille*
	lutter	*kämpfen*
le	**lycée**	*Gymnasium (Oberstufe)*

M

le	**magasin**	*Geschäft, Laden*
le	**magazine**	*Zeitschrift; Magazin*
	magnifique	*wunderbar*
le	**maillot de bain**	*Badehose; Badeanzug*
la	**main**	*Hand*
	maintenant	*jetzt*
la	**mairie**	*Rathaus*
	mais	*aber*
la	**maison**	*Haus*
	majeur, -e	*volljährig*
la	**majorité**	*Mehrheit*
	mal	*schlecht*
le	**mal**	*Schmerz*
	malade	*krank*
la	**maladie**	*Krankheit*
le	**malaise**	*Schwächeanfall*
	malgré que	*obwohl*
	malheureusement	*leider*
la	**manche**	*Halbspiel; Set*
	manger	*essen*
la	**manière**	*Art und Weise*
la	**manif(estation)**	*Demo(nstration)*
	manquer	*fehlen*
le	**manteau**	*Mantel*
le/la	**marchand, -e**	*Verkäufer, -in*
la	**marche**	*Stufe*
le	**marché (aux puces)**	*(Floh)markt*
le	**marché du travail**	*Arbeitsmarkt*
	marcher	*laufen; gehen*
la	**margarine**	*Margarine*
le	**mari**	*Ehemann*
le	**mariage**	*Hochzeit*
	marié, -e	*verheiratet*
se	**marier**	*heiraten*
	marron	*braun*
le	**marronnier**	*Kastanienbaum*
le	**match**	*Spiel*
le	**matelas**	*Matratze*
les	**mathématiques** (fPl)	*Mathematik*
les	**maths** (fPl) (ugs.)	*Mathe* (ugs.)
les	**matières** (fPl) **premières**	*Rohstoffe*
le	**matin**	*Morgen*
	mauvais, -e	*schlecht*
	méchant, -e	*böse; gemein*
	mécontent, -e	*unzufrieden*
le	**médecin**	*Arzt, Ärztin*
la	**médecine**	*Medizin*
	meilleur, -e	*beste, -r, -s*
	mélanger	*mischen*
	même	*sogar*
le	**ménage**	*Haushalt*
	mener	*führen*
le	**menton**	*Kinn*
le	**menu (du jour)**	*(Tages)menü*
la	**mer**	*See; Meer*
	merci	*danke*
la	**mère**	*Mutter*
la	**merguez**	*scharfe Schafswürstchen*
le	**message**	*Nachricht*
la	**mesure**	*Maß*
la	**météo(rologie)**	*Wettervorhersage*
le	**métro**	*U-Bahn*
	mettre	*setzen; legen; stellen*
le	**meuble**	*Möbel(stück)*
le	**meurtrier**	*Mörder*
le	**micro-ondes**	*Mikrowelle*
	midi	*Mittag*
le	**miel**	*Honig*
	mieux	*besser*
	mijoter	*köcheln*
le	**milieu**	*Mitte*
le	**militaire**	*Wehrpflichtiger; Soldat*
	mince	*schlank*
la	**mine**	*Miene; Aussehen; Bergwerk*
la	**minijupe**	*Minirock*
la	**misère**	*Elend*
le	**mobile**	*Grund*
	moderne	*modern*
	moins	*weniger*
le	**mois**	*Monat*

Wortverzeichnis

le **monde**	*Welt*
la **montagne**	*Berg*
monter	*hineinsteigen; heraufgehen; zusammenbauen*
la **montre**	*Armbanduhr*
montrer	*zeigen*
le **monument**	*Denkmal*
la **moquette**	*Teppichboden*
le **morceau**	*Stück*
mort, -e	*tot*
mortel, -lle	*tödlich*
le **mot**	*Wort*
la **moto**	*Motorrad*
les **mots** (mPl) **croisés**	*Kreuzworträtsel*
la **moule**	*Miesmuschel*
le **moulin**	*Mühle*
mourir	*sterben*
la **moustache**	*Schnurrbart; Schnäuzer*
la **moyenne**	*Durchschnitt*
la **multitude**	*Menge*
le **mur**	*Mauer; Wand*
mûr, -e	*reif*
le **muscle**	*Muskel*
le **musée**	*Museum*
la **musique**	*Musik*
musulman, -e	*moslemisch*
la **mutuelle**	*Zusatzversicherung*

N

naître	*geboren werden*
la **natation**	*Schwimmen*
la **nationale**	*Bundesstrasse*
la **nationalité**	*Staatsangehörigkeit*
naturel, -lle	*natürlich*
nécessaire	*notwendig*
néerlandais, -e	*niederländisch*
la **neige**	*Schnee*
le **nerf**	*Nerv*
le **nettoyage**	*Reinigung*
nettoyer	*reinigen; putzen; sauber machen*
le **neveu**	*Neffe*
le **nez**	*Nase*
ni… ni	*weder … noch*
la **nièce**	*Nichte*
les **noces** (fPl)	*Hochzeit*
nocif, -ive	*schädlich*
nombreux, -euse	*zahlreich*
le **nord**	*Norden*
la **note**	*Rechnung*
noter	*notieren*
la **nourriture**	*Ernährung; Lebensmittel*
nouveau, -velle	*neu*
le **nuage**	*Wolke*
nuageux, -euse	*wolkig*
la **nuit**	*Nacht*
le **numéro**	*Nummer*

O

l' **objet** (m)	*Gegenstand*
obtenir	*bekommen; erhalten*
s' **occuper**	*sich kümmern*
l' **océan** (m)	*Ozean*
l' **œillet** (m)	*Nelke*
l' **œuf** (m)	*Ei*
l' **œuvre** (f)	*Werk*
l' **offre** (f) **d'emploi**	*Stellenanzeige*
offrir	*schenken; anbieten*
l' **oignon** (m)	*Zwiebel*
olympique	*olympisch*
l' **omelette** (f)	*Omelett*
l' **oncle** (m)	*Onkel*
opérer	*operieren*
l' **opposition** (f)	*Opposition*
optimiste	*optimistisch*
or	*aber*
l' **orage** (m)	*Gewitter*
oral, -e	*mündlich*
l' **orchestre** (m)	*Orchester*
l' **ordinateur** (m)	*Computer*
ordonner	*befehlen*
l' **ordre** (m)	*Reihenfolge; Befehl*
l' **oreille** (f)	*Ohr*
l' **oreiller** (m)	*Kopfkissen*
organiser	*organisieren*
s' **orienter**	*sich orientieren*
l' **origine** (f)	*Herkunft*
l' **O.R.L.** (m/f)	*HNO-Arzt, -Ärztin*
l' **orteil** (m)	*Zeh*
ou	*oder*
où	*wo; wohin*
oublier	*vergessen*
l' **ouragan** (m)	*Orkan*
l' **outil** (m)	*Werkzeug*
l' **ouvre-boîte** (m)	*Dosenöffner*
l' **ouvrier, -ière**	*Arbeiter, -in*
ouvrir	*öffnen; aufmachen*

P

la **page**	*Seite*
le **pain**	*Brot*
pâle	*blass, bleich*
le **palier**	*Zwischenstufe*
le **panneau**	*Schild*
le **pansement**	*Pflaster*
le **pantalon**	*Hose*
le **papier peint**	*Tapete*
les **papiers** (mPl)	*Papiere*
le **paquet**	*Paket, Päckchen*

	par	*durch; per; pro*
	par conséquent	*also*
le	**parapluie**	*Regenschirm*
le	**parc**	*Park*
	parce que	*weil*
les	**parents** (mPl)	*Eltern*
	parfois	*manchmal*
le	**parfum**	*Parfüm; Duft*
la	**parfumerie**	*Parfümerie*
	parisien, -nne	*Pariser, aus Paris*
le	**parking**	*Parkplatz*
le	**parlement**	*Parlament*
	parler	*sprechen, reden*
la	**parole**	*Wort*
le	**parquet**	*Parkett*
	partager	*teilen*
le	**parti**	*Partei*
	participer	*teilnehmen*
la	**partie**	*Spiel*
	partir	*(weg)gehen; abreisen*
	pas du tout	*gar nicht, überhaupt nicht*
le	**passeport**	*Reisepass*
	passer	*verbringen; vorbeigehen; reichen*
	passif, -ive	*passiv*
la	**passoire**	*Sieb*
la	**pâte**	*Teig*
les	**pâtes** (fPl)	*Nudeln*
le/la	**patient, -e**	*Patient, -in*
la	**pâtisserie**	*Gebäck; Konditorei*
la	**patrie**	*Vaterland; Heimat*
la	**paupière**	*Augenlid*
	pauvre	*arm*
	payer (en liquide)	*(bar) (be)zahlen*
le	**paysage**	*Landschaft*
le	**péage**	*Zahlstelle*
la	**peau**	*Haut*
la	**pêche**	*Pfirsich*
le/la	**pédiatre**	*Kinderarzt, -ärztin*
le	**peigne**	*Kamm*
	peindre	*malen; streichen*
la	**peinture**	*Malerei*
la	**pelle**	*Schaufel*
la	**pelouse**	*Rasen*
	pendant (que)	*während*
la	**pension alimentaire**	*Alimente*
la	**perceuse**	*Bohrmaschine*
	perdre	*verlieren*
le	**père**	*Vater*
	perfectionner	*verfeinern; perfektionieren*
la	**perfusion**	*Infusion*
le	**périphérique**	*Ring*
la	**permanence**	*Sprechstunde*
le	**perroquet**	*Papagei*
la	**personne**	*Person*
	peser	*wiegen*
	petit, -e	*klein*
le	**petit-déjeuner**	*Frühstück*
le	**pétrole**	*Erdöl*
la	**peur**	*Angst*
le	**phare**	*Scheinwerfer; Leuchtturm*
la	**pharmacie**	*Apotheke*
le/la	**pharmacien, -nne**	*Apotheker, -in*
le/la	**photographie**	*Fotografie*
	photographier	*fotografieren*
la	**phrase**	*Satz*
la	**physique**	*Physik*
le	**piano**	*Klavier*
la	**pièce**	*Zimmer*
le	**pied**	*Fuß*
	pile	*genau*
le	**pilote**	*Pilot*
le	**pin**	*Pinie; Kiefer*
le	**ping-pong**	*Tischtennis*
la	**pipe**	*Pfeife*
le	**pique-nique**	*Picknick*
la	**piqûre**	*Spritze; Stich*
	pire	*schlimmer; schlechter*
la	**piscine**	*Schwimmbad*
le	**placard**	*Schrank*
la	**place**	*Platz*
	placer	*anlegen; legen, stellen*
le	**plafond**	*Decke*
la	**plage**	*Strand*
la	**plaie**	*Wunde*
	plaire	*gefallen*
se	**plaire**	*Gefallen finden*
le	**plancher**	*Fußboden*
la	**plantation**	*Bepflanzung*
la	**plante**	*Pflanze*
	planter	*bepflanzen*
la	**plaque**	*(Herd)platte*
le	**plat (principal)**	*(Haupt)gericht*
le	**plâtre**	*Gips*
	plein, -e	*voll*
	pleuvoir	*regnen*
le	**plombier**	*Klempner*
la	**pluie**	*Regen*
la	**plupart**	*die meisten*
	plus	*mehr*
	plusieurs	*mehrere*
la	**poêle**	*Pfanne*
le	**poème**	*Gedicht*
le	**poids**	*Gewicht*
le	**poignet**	*Handgelenk*

le	**poil**	*(Körper)haar*
le	**poing**	*Faust*
le	**point**	*Punkt*
la	**pointure**	*Schuhgröße*
la	**poire**	*Birne*
le	**poisson**	*Fisch*
la	**poissonnerie**	*Fischgeschäft*
le	**poivre**	*Pfeffer*
le	**poivron**	*Paprika*
la	**police**	*Polizei*
la	**pollution**	*Verschmutzung*
la	**pomme**	*Apfel*
la	**pomme de terre**	*Kartoffel*
les	**pompiers** (mPl)	*Feuerwehr*
	ponctuel, -lle	*pünktlich*
le	**pont**	*Brücke*
	populaire	*Volks-*
la	**population**	*Bevölkerung*
le	**porc**	*Schwein*
le	**port**	*Hafen*
le	**portable**	*Handy*
la	**porte (d'entrée)**	*(Eingangs)tür*
	porter	*tragen*
	poser	*stellen*
	possible	*möglich*
le	**poste**	*Stelle*
la	**poste**	*Post(amt)*
la	**poubelle**	*Mülleimer, -tonne*
le	**pouce**	*Daumen*
le	**poulet**	*Hähnchen*
le	**poumon**	*Lunge*
	pour (que)	*für; um ... zu; damit*
	pourquoi	*warum*
	pousser	*wachsen*
la	**poussière**	*Staub*
	pouvoir	*können; dürfen*
	précis, -e	*genau*
	préférer	*bevorzugen*
	prendre	*nehmen*
	préparer	*vor-, zubereiten*
	près de	*in der Nähe von*
	prescrire	*verschreiben*
	présenter	*vorstellen*
le/la	**président, -e**	*Präsident, -in*
le	**pressing**	*Reinigung*
	prêt, -e	*bereit*
	prévenir	*warnen*
	privé, -e	*privat*
le	**problème**	*Problem; Textaufgabe*
le	**procès**	*Prozess*
	prochain, -e	*nächste, -r*
la	**production**	*Produktion*
le	**produit**	*Produkt*
le/la	**professeur**	*Lehrer, -in*
	professionnel, -lle	*beruflich*
la	**profondeur**	*Tiefe*
le	**projet**	*Projekt*
	prolonger	*verlängern*
la	**promenade**	*Spaziergang*
se	**promener**	*spazieren gehen*
	proposer	*vorschlagen*
	propre	*sauber*
la	**propreté**	*Sauberkeit*
le/la	**propriétaire**	*Besitzer, -in*
	protéger	*(be)schützen*
	protester	*protestieren*
la	**province**	*Provinz*
le	**proviseur**	*Schulleiter*
les	**provisions** (fPl)	*Vorräte; Proviant*
la	**prune**	*Pflaume*
	public, -ique	*öffentlich*
la	**publicité**	*Werbung*
	puis	*dann*
	puisque	*da*
le	**puits**	*Brunnen*

Q

le	**quai**	*Gleis; Kai*
	qualifié, -e	*spezialisiert*
la	**qualité**	*Qualität*
	quand	*als; wenn; wann*
	quand même	*trotzdem*
la	**quantité**	*Menge*
le	**quart**	*Viertel*
	quelque chose	*etwas*
	quelquefois	*manchmal*
	quelques	*einige, ein paar*
	quelqu'un	*jemand*
la	**question**	*Frage*
	qultter	*verlassen*
	quoique	*obwohl*

R

	raccrocher	*auflegen*
	raconter	*erzählen*
	radieux, -euse	*strahlend*
	raffoler	*lieben*
	ramasser	*aufheben; sammeln*
la	**randonnée**	*Wanderung*
	ranger	*aufräumen*
se	**rappeler**	*sich erinnern*
se	**raser**	*sich rasieren*
le	**rasoir**	*Rasierapparat*
le	**râteau**	*Harke*
	rater	*verpassen*
	récent, -e	*aktuell; neulich*
la	**recette**	*Rezept*
	recevoir	*bekommen; empfangen*
la	**recherche**	*Forschung*
le	**récipient**	*Behälter*

	récolter	*ernten*
	recommander	*empfehlen*
	récompenser	*prämieren; ehren*
	reconnaître	*erkennen*
	redoubler	*sitzen bleiben*
	réfléchir	*überlegen; nachdenken*
le	**réfrigérateur**	*Kühlschrank*
	refuser	*ablehnen*
	regarder	*ansehen; sich anschauen*
la	**régate**	*Regatta*
la	**règle**	*Lineal*
	regretter	*bedauern*
	régulier, -ière	*regelmäßig*
le	**rein**	*Niere*
	rejoindre	*erreichen*
se	**relaxer**	*sich entspannen*
	remercier	*(be)danken*
	remettre en question	*infrage stellen*
la	**remorque**	*Anhänger*
	remplir	*ausfüllen*
	remporter la victoire	*gewinnen; den Sieg erringen*
(se)	**rencontrer**	*(sich) treffen*
le	**rendez-vous**	*Termin; Treffen*
	rendre	*zurückgeben*
se	**rendre**	*sich begeben*
se	**renseigner**	*sich erkundigen*
la	**rentrée (scolaire)**	*Schulanfang*
	rentrer	*zurückgehen; heimkehren; hineinfahren*
	renvoyer	*herauswerfen; zurückschicken*
	réparer	*reparieren*
le	**repas**	*Mahlzeit, Essen*
	répéter	*wiederholen*
le	**répondeur**	*Anrufbeantworter*
	répondre	*antworten*
la	**réponse**	*Antwort*
se	**reposer**	*sich erholen*
	reprendre	*wieder aufnehmen*
	représenter	*vertreten*
	réserver	*reservieren*
la	**résistance**	*Widerstand*
	résoudre	*lösen*
	ressembler	*ähneln*
	rester	*(übrig) bleiben*
le	**résultat**	*Ergebnis*
	résulter	*resultieren*
le	**résumé**	*Zusammenfassung*
la	**retraite**	*Rente; Pension*
se	**retrouver**	*sich treffen*
la	**réunion**	*Versammlung; Meeting; Besprechung*
	réussir	*schaffen; gelingen*
le	**réveil**	*Wecker*
le	**revenu**	*Einkommen*
	rêver	*träumen*
le	**rez-de-chaussée**	*Erdgeschoss*
le	**rhum**	*Rum*
le	**rhume**	*Erkältung*
	rien	*nichts*
la	**rime**	*Reim*
	rire	*lachen*
le	**riz**	*Reis*
la	**robe**	*Kleid*
le	**robinet**	*Wasserhahn*
le	**rond**	*Kreis*
la	**rondelle**	*runde Scheibe*
le	**rond-point**	*Kreisverkehr*
le	**rôti**	*Braten*
la	**roue (de secours)**	*(Ersatz)rad*
le	**rouleau**	*Rolle*
	rouler	*fahren*
la	**route**	*Straße*
	roux, rousse	*rothaarig*
la	**rue**	*Straße*

S

le	**sac**	*Tasche*
le	**sac à dos**	*Rucksack*
	saisir	*(er-, be-)greifen*
la	**saison**	*Jahreszeit*
	saisonnier, -ière	*saisonal; jahreszeitlich*
la	**salade**	*Salat*
le	**saladier**	*Schüssel*
le	**salaire**	*Lohn*
la	**salle d'attente**	*Wartezimmer*
la	**salle de bains**	*Badezimmer*
la	**salle de séjour**	*Wohnzimmer*
le	**salon**	*Couchecke*
le	**salon de thé**	*Konditorei; Café*
	saluer	*begrüßen*
le	**sang**	*Blut*
	sans (que)	*ohne (dass)*
la	**santé**	*Gesundheit*
le	**sapin**	*Tannenbaum*
	satisfait, -e	*zufrieden*
la	**sauce**	*Soße*
la	**saucisse**	*Würstchen*
	sauter	*springen*
	savoir	*wissen; können*
le	**savoir**	*Wissen*
le	**savon**	*Seife*
le	**scanner**	*Computertomograf*
la	**scie**	*Säge*

Wortverzeichnis

la	**science**	*Wissenschaft*
	scolariser	*einschulen*
le	**scotch®**	*Tesafilm®*
la	**sécurité**	*Sicherheit*
le	**sel**	*Salz*
le	**self-service**	*Selbstbedienungs-restaurant*
la	**semaine**	*Woche*
	sembler	*scheinen*
le	**sentier**	*Pfad*
	sentir	*fühlen; riechen*
se	**sentir**	*sich fühlen*
	séparé, e	*getrennt*
	sérieux, -euse	*ernst*
la	**serpillière**	*Scheuertuch*
le	**service**	*Abteilung; Bedienung*
la	**serviette**	*Handtuch; Serviette*
	seul, -e	*einzige, -r, -s; allein*
	seulement	*nur*
	sévère	*streng*
le	**shampoing**	*Shampoo*
	si	*doch*
le	**siècle**	*Jahrhundert*
	signer	*unterschreiben; unterzeichnen*
	s'il te/vous plaît	*bitte*
le	**singe**	*Affe*
	social, -e	*sozial; gesellschaftlich*
la	**société**	*Gesellschaft*
la	**sœur**	*Schwester*
la	**soif**	*Durst*
	soigner	*behandeln*
le	**soir**	*Abend*
la	**soirée**	*Abend*
le	**sol**	*Boden*
le	**soleil**	*Sonne*
la	**solitude**	*Einsamkeit*
la	**somme**	*Summe*
le	**sommeil**	*Schlaf*
le	**sommet**	*Gipfel*
la	**sorte**	*Sorte; Art*
les	**sorties** (fPL)	*Ausgehen*
	sortir	*ausgehen; herausgehen; herausziehen*
	soudain	*plötzlich*
	souhaiter	*wünschen*
	soulagé, -e	*erleichtert*
la	**soupe**	*Suppe*
le	**sourcil**	*Augenbraue*
la	**souris**	*Maus*
	sous	*unter*
le	**sous-sol**	*Untergeschoß*
	souvent	*oft*
la	**spécialité**	*Spezialität*
le	**spectacle**	*Schau, Show; Veranstaltung*
le/la	**spectateur, -trice**	*Zuschauer, -in*
	sportif, -ive	*sportlich*
le	**squelette**	*Skelett*
le	**stade**	*Stadion*
le	**stage**	*Praktikum*
la	**station de métro**	*U-Bahn-Station*
la	**station thermale**	*Kurort*
la	**station-service**	*Tankstelle*
	stressé, e	*gestresst*
	stupide	*dumm*
le	**stylo**	*Kuli, Kugelschreiber*
la	**sucette**	*Lutscher; Lolli*
le	**sucre**	*Zucker*
la	**suite**	*Folge*
	suivre	*folgen; verfolgen*
le	**sujet**	*Thema*
la	**superficie**	*Fläche*
	superficiel, -lle	*oberflächlich*
le	**supermarché**	*Supermarkt*
	supplémentaire	*zusätzlich*
	sur	*auf*
	sûr, -e	*sicher*
	surprendre	*überraschen*
	surpris, -e	*überrascht*
	surtout	*vor allem; hauptsächlich*
le/la	**surveillant, -e**	*Aufsicht*
	surveiller	*bewachen*
le	**suspect**	*Verdächtige, -r*
	sympa(thique)	*nett; sympathisch*
le	**syndicat**	*Gewerkschaft*
le	**système**	*System*

T

le	**tabac**	*Tabak*
la	**table**	*Tisch*
le	**tableau**	*Bild; Tafel*
la	**tablette de chocolat**	*Schokoladentafel*
la	**tache**	*Fleck*
la	**taille**	*Größe*
le	**taille-crayon**	*Anspitzer*
	tailler	*schneiden*
le	**talon**	*Ferse*
	tant que	*solange*
le	**tapis**	*Teppich; Matte*
	tard	*spät*
	tarder	*sich verspäten*
la	**tartine**	*Brotscheibe*
le/la	**technicien, -nne**	*Techniker, -in*
la	**technique**	*Technik*
la	**télé(vision)**	*Fernseher; Fernsehen*
la	**télécommande**	*Fernbedienung*
	téléphoner	*telefonieren*
	tellement	*soviel; so sehr*

le **témoin**	*Zeuge/Zeugin*
la **tempête**	*Sturm*
temporaire	*vorläufig*
le **temps**	*Zeit; Wetter*
la **tente**	*Zelt*
terminer	*beenden*
le **terrain**	*Grundstück*
la **terre**	*Erde*
terrible	*schrecklich*
terroriste	*terroristisch*
la **tête**	*Kopf*
le **texte**	*Text*
le **thé**	*schwarzer Tee*
le **théâtre**	*Theater*
le **thym**	*Thymian*
le **tigre**	*Tiger*
le **tilleul**	*Linde*
le **timbre**	*Briefmarke*
timide	*schüchtern*
le **tire-bouchon**	*Korkenzieher*
le **tiroir**	*Schublade*
la **tisane**	*Kräutertee*
le **tissu**	*Stoff*
le **titre**	*Titel*
les **toilettes** (fPl)	*Toilette*
le **toit**	*Dach*
tomber	*fallen*
tondre	*mähen*
tôt	*früh*
toucher	*berühren; anfassen*
toujours	*immer*
le **tour**	*Spaziergang; Streich*
la **tour**	*Turm*
le/la **touriste**	*Tourist, -in*
tourner	*abbiegen; sich drehen*
le **tournevis**	*Schraubenzieher*
le **tournoi**	*Turnier*
tout	*alles; ganz*
le **tracteur**	*Traktor*
le **train**	*Zug*
le **tramway**	*Straßenbahn*
tranquille	*ruhig*
transporter	*transportieren*
le **travail**	*Arbeit*
travailler	*arbeiten*
travailler au noir	*schwarz arbeiten*
le **travailleur**	*Arbeiter*
traverser	*überqueren*
très	*sehr*
le **tribunal**	*Gericht*
le **trimestre**	*Trimester*
triste	*traurig*
se **tromper**	*sich irren; sich vertun*
trop	*zu; zu viel; zu sehr*
le **trou**	*Loch*
le **troupeau**	*Herde*
la **trousse**	*Federmäppchen*
trouver	*finden*
se **trouver**	*sich befinden*
la **truite**	*Forelle*
tuer	*umbringen; töten*
la **tulipe**	*Tulpe*
le **tuyau**	*Rohr*

U

un peu	*ein wenig; ein bisschen*
les **urgences** (fPl)	*Notaufnahme*
l' **usine** (f)	*Fabrik*
utiliser	*verwenden; benutzen*

V

les **vacances** (fPl) **(scolaires)**	*(Schul)ferien*
vacciner	*impfen*
la **vache**	*Kuh*
le **vainqueur**	*Sieger*
la **vaisselle**	*Geschirr*
la **valise**	*Koffer*
valoir mieux	*besser sein*
la **vapeur**	*Dampf*
les **variétés** (fPl)	*Schlagermusik*
le/la **végétarien, -nne**	*Vegetarier, -in*
la **veille**	*Vortag*
veiller	*achten*
le **vélo**	*Fahrrad*
le **velours**	*Samt*
le **vendeur, -euse**	*Verkäufer, -in*
vendre	*verkaufen*
venir	*kommen*
le **ventre**	*Bauch*
le **verglas**	*Glatteis*
la **vérité**	*Wahrheit*
le **vernis à ongles**	*Nagellack*
le **verre**	*Glas*
vers	*in Richtung; gegen*
le **vêtement**	*Kleidungsstück*
veuf, veuve	*verwitwet*
vexé, -e	*beleidigt*
la **viande**	*Fleisch*
la **victoire**	*Sieg*
vide	*leer*
les **viennoiseries** (fPl)	*Feingebäck*
vieux, vieille	*alt*
le **vignoble**	*Weinberg*
le **village**	*Dorf*
la **ville**	*Stadt*
le **vin**	*Wein*
le **vinaigre**	*Essig*
la **violence**	*Gewalt*
le **violoncelle**	*Cello*

le	**virage**	*Kurve*
la	**vis**	*Schraube*
le	**visage**	*Gesicht*
la	**visite**	*Besuch; Besichtigung*
	visiter	*besuchen; besichtigen*
	vite	*schnell*
la	**vitesse**	*Geschwindigkeit*
le/la	**viticulteur, -trice**	*Winzer, -in*
	vivre	*leben*
le	**vœu**	*Glückwunsch*
	voici	*hier ist*
la	**voie rapide**	*Schnellstraße*
la	**voile**	*Segel*
(se)	**voir**	*(sich) sehen*
le/la	**voisin, -e**	*Nachbar, -in*
la	**voiture**	*Auto*
la	**voix**	*Stimme*
le	**vol**	*Flug*
le	**volant**	*Lenkrad*
	voler	*fliegen*
le/la	**voleur, -euse**	*Dieb, -in*
le	**volley(-ball)**	*Volleyball*
	volontiers	*gern*
le	**volume**	*Volumen*
	voter	*abstimmen; verabschieden*
	vouloir	*wollen; mögen*
le	**voyage**	*Reise*
	vraiment	*wirklich; echt*
	vu que	*da*
la	**vue sur**	*...-Blick auf*

Y

les	**yeux** (mPl)	*Augen*

Z

la	**zone piétonnière**	*Fußgängerzone*

Bildnachweis: S. 10: a) shutterstock/Golden Pixels LLC, b) istockphoto.com/ Cindy Minear; S. 14: a) istockphoto.com/ shae cardenas, b) shutterstock/ Goodluz, c) shutterstock/Ioannis Pantzi, d) shutterstock/ Forewer; S. 18: a) fotolia/ kosheen, b) fotolia/ victor zastol'skiy, c) fotolia.de/Ignatius Wooster, d) shutterstock/ ARENA Creative; S. 19: e) fotolia.de/ Alena Yakusheva, f) shutterstock/ Iakov Filimonov, g) fotolia/ MARK BOND, h) istockphoto.com/ Tobias Keckel; S. 21: a) fotolia/ Joe Gough, b) fotolia/ luchshen, c) shutterstock/ Zastolskiy Victor, d) istockphoto/pederk; S. 28: a) fotolia/ Andrey Sheldunov, b) fotolia.de/ Vladislav Gajic, c) thinkstockphotos.com/ Hemera, d) shutterstock/ jannoon028; S. 29: e) Sistockphoto.com/ Simon Moran, f) shutterstock/ sergign, g) shutterstock/ Garsya, h) shutterstock/ agorulko; S. 32: a) shutterstock.com/Jiri Hera, b) fotolia.de/Brad Pict, c) istockphoto/kikabisogno, d) iStockphoto / Mark Gillow; S. 36: a) istockphoto.com/ Paul Johnson, b) fotolia/ Leonid Nyshko, c) istockphoto.com/ Olga Shelego, d) fotolia/ Denis Dryashkin; S. 38: a) istockphoto.com/ Andrea Leone, b) iStockphoto / Donald Gruener, c) fotolia/ Marius Graf, d) istock/mediaphotos; S. 41: a) shutterstock/ Elena Elisseeva, b) fotolia.de/MurielleD, c) fotolia.de/JIM RYCE, d) shutterstock/Ronen; S. 46: a) istockphoto.com/ Courtney Keating, b) fotolia/ william87, c) fotolia/ Sandra Neumann, d) shutterstock/luckyraccoon, S. 49. a) thinkstock (LuminaStock), b) istockphoto.com, c) fotolia.de/ Monkey Business; S. 54: a) shutterstock/ Tania Zbrodko, b) shutterstock/ Kuttelvaserova, c) shutterstock/ Valua Vitaly, d) shutterstock/ Kurhan; S. 58: a) shutterstock.com/Yuri Arcurs, b) shutterstock.com/Blaj Gabriel; S. 60: a) istockphoto.com/ clearstockconcepts, b) fotolia.de/ drubig-photo, c) fotolia.de/ drubig-photo, d) istockphoto.com/ sinan isik; S. 67: a) Fotolia.com / claireliz, b) fotolia/ zmkstudio, c) fotolia.de/ PANORAMO, d) fotolia.de/ Tomasz Trojanowski; S. 73: a) fotolia/mangostock, b) fotolia.de/ Leah-Anne Thompson, c) istockphoto.com/ dra_schwartz; S. 82: a) shutterstock/ Bomshtein, b) shutterstock/ tale, c) shutterstock/ Karina Bakalyan, d) shutterstock/ mimo; S. 86: a) istockphoto/Tommydickson, b) istockphotophoto/himalaja; S. 87: c) shutterstock/ tovovan, d) shutterstock/ JetKat; S. 94: a) fotolia.de/Frog 974, b) fotolia.de/ starush; S. 95: c) shutterstock.com/AVAVA, d) fotolia.de/ philipus, e) fotolia.de/ HappyAlex, f) fotolia.de/laurent davaine; S. 98: a) shutterstock/ Vaclav Volrab, b) shutterstock.com/Tatiana Grozetskaya, c) fotolia.de/Caroll, d) istockphoto.com/omy2, e) Dreadlock/Fotolia, f) fotolia.de/ david hughes; S. 110: a) fotolia.de/pass, b) istockphoto.com/ amit erez; S. 111: c) fotolia/ O.M., d) Fotolia.com / Nataliya Hora; S. 116: a) © M.studio - Fotolia.com, b) © Leonid Andronov - Fotolia.com, c) © neirfy - Fotolia.com, d) © FotoFrank - Fotolia.com, e) shutterstock/ Antonio Guillem; S. 120: a) shutterstock / Elnur, b) fotolia.de/ Aaron Amat, c) fotolia.de/ Philippe Devanne, d) istockphoto.com/ Rafal Zdeb, e) © jamiga • images - Fotolia.com, f) PONS GmbH, Stuttgart; S. 124: a) fotolia.de/ Michael00001, b) fotolia.de/ Michael00001, c) fotolia.de/ Michael00001; S. 134: a) fotolia.de/ 1stGallery, b) shutterstock.com/ robert paul van beets, c) fotolia.de/ Calek, d) thinkstockphotos.com/ Hemera, e) fotolia.de/ pixelplot, f) shutterstock.com/ Brasiliao; S. 138: a) © lightpoet - Fotolia.com, b) © kyslynskyy - Fotolia.com, c) fotolia.de/ Anatolii, d) shutterstock.com/ ILYA AKINSHIN, e) fotolia.de/ Eric Isselée, f) shutterstock.com/ dusan964, g) shutterstock.com/ Ziga Camernik, h) fotolia.de/ photostile